PASSIVES EINKOMMEN

PASSIVES EINKOMMEN

Serie " Reichtum für das neue Jahr "
von: D.K. Hawkins
Version 1.1 ~Dezember 2021
Veröffentlicht von D.K. Hawkins bei KDP
Copyright ©2021 by D.K. Hawkins. Alle Rechte vorbehalten.

Kein Teil dieser Publikation darf ohne vorherige schriftliche Genehmigung der Herausgeber in irgendeiner Form oder mit irgendwelchen Mitteln, einschließlich Fotokopien, Aufzeichnungen oder anderer elektronischer oder mechanischer Methoden oder durch ein Informationsspeicher- oder -abrufsystem, vervielfältigt, verbreitet oder übertragen werden, mit Ausnahme sehr kurzer Zitate in kritischen Rezensionen und bestimmter anderer nichtkommerzieller Verwendungen, die durch das Urheberrechtsgesetz erlaubt sind.

Alle Rechte vorbehalten, einschließlich des Rechts auf vollständige oder teilweise Vervielfältigung in jeder Form.

Alle Angaben in diesem Buch wurden sorgfältig recherchiert und auf ihre sachliche Richtigkeit überprüft. Der Autor und der Herausgeber übernehmen jedoch keine Garantie, weder ausdrücklich noch stillschweigend, dass die hierin enthaltenen Informationen für jede Person, jede Situation oder jeden Zweck geeignet sind, und übernehmen keine Verantwortung für Fehler oder Auslassungen.

Der Leser übernimmt das Risiko und die volle Verantwortung für alle Handlungen. Der Autor kann nicht für Verluste oder Schäden verantwortlich gemacht werden, die sich aus den in diesem Buch enthaltenen Informationen ergeben können.

Alle Bilder sind frei verwendbar oder von Stockfoto-Websites erworben oder lizenzfrei für die kommerzielle Nutzung. Ich habe mich bei der Erstellung dieses Buches auf meine eigenen Beobachtungen sowie auf viele verschiedene Quellen gestützt, und ich habe mein Bestes getan, um Fakten zu überprüfen und Quellenangaben zu machen, wo sie angebracht sind. Sollte Material ohne entsprechende Erlaubnis verwendet worden sein, kontaktieren Sie mich bitte, damit das Versehen korrigiert werden kann.

Die in diesem Buch enthaltenen Informationen dienen nur zu Informationszwecken und sind nicht als Quelle für Ratschläge oder Kreditanalysen in Bezug auf das dargestellte Material gedacht. Die in diesem Buch enthaltenen Informationen und/oder Dokumente stellen keine Rechts- oder Finanzberatung dar und sollten niemals ohne vorherige Rücksprache mit einem Finanzfachmann verwendet werden, um festzustellen, was für Ihre individuellen Bedürfnisse am besten geeignet ist.

Der Herausgeber und der Autor geben keine Garantie oder andere Versprechen hinsichtlich der Ergebnisse, die durch die Verwendung des Inhalts dieses Buches erzielt werden können. Sie sollten niemals eine Anlageentscheidung treffen, ohne vorher Ihren eigenen Finanzberater zu konsultieren und Ihre eigenen Nachforschungen und Sorgfaltsprüfungen durchzuführen. Soweit gesetzlich zulässig, lehnen der Herausgeber und der Autor jegliche Haftung für den Fall ab, dass sich die in diesem Buch enthaltenen Informationen, Kommentare, Analysen, Meinungen, Ratschläge und/oder Empfehlungen als ungenau, unvollständig oder unzuverlässig erweisen oder zu Investitions- oder anderen Verlusten führen.

Der in diesem Buch enthaltene oder zur Verfügung gestellte Inhalt stellt keine Rechts- oder Anlageberatung dar, und es wird keine Beziehung zwischen Anwalt und Mandant begründet. Der Herausgeber und der Autor stellen dieses Buch und seinen Inhalt auf der Basis "wie besehen" zur Verfügung. Die Nutzung der Informationen in diesem Buch erfolgt auf eigene Gefahr.

Inhalt

Einführung: 6

Kapitel no.1 7

Einführung in passives Einkommen. 7

Verschiedene Wege zum Aufbau eines passiven Einkommens. 8

Passives Einkommen verstehen. 11

Kapitel no.2 16

Passive Einkommensideen zum Geldverdienen. 16

Strategien für passives Einkommen. 16

15 Passive Einkommensstrategien für den Vermögensaufbau. 19

Kapitel no.3 41

Passive Einkommensideen, die Sie reich machen werden. ... 41

Beispiele dafür, was kein passives Einkommen ist: 44

Passive Einkommensmethoden, die Ihnen helfen, wohlhabend zu werden. 49

Kapitel no.4 66

Passive Einkommensinvestitionen. 66

Kapitel no.5 70

Passives Einkommen ohne Geld schaffen. 70

Passives Einkommen ohne Geld? 70

Kapitel no.6 80

Beste Apps für passives Einkommen. 80

Apps für iOS- und Android-Telefone. 81

Cashback-Apps. 81

Marktforschungs-Apps. 83

Apps zur Datenerfassung. 85

Investieren Apps. 87

Smartphone-Apps, die bezahlen. 88

Kapitel no.7 91

Wie wird passives Einkommen besteuert? 91

Ist passives Einkommen steuerpflichtig? 93

Schlussfolgerung: 97

Einführung:

Passive Einkünfte sind die Einkünfte aus Vermietungen, Kommanditgesellschaften oder anderen Geschäften, an denen eine Person nicht aktiv beteiligt ist. Wie passives Einkommen ist es im Allgemeinen steuerlich absetzbar. Das Finanzamt sieht das jedoch oft anders. Passives Einkommen ist das Einkommen aus Mietobjekten oder Kommanditgesellschaften oder jeder anderen Art von Geschäft, an dem die Person nicht aktiv beteiligt ist. Sie bestimmen, ob eine Person aktiv an der Vermietung, am Geschäft oder an einer anderen Aktivität beteiligt war, die Einkommen erzeugt. Ein Steuerpflichtiger kann passive Verluste aus den Einkünften geltend machen, die durch nichtproduktive Tätigkeiten erzielt werden. In diesem Buch geht es um passives Einkommen. Wenn Sie etwas über passives Einkommen erfahren möchten und darüber, wie Sie passives Geld verdienen können, sind Sie hier genau richtig.

Kapitel no.1

Einführung in passives Einkommen.

Passives Einkommen bezeichnet jeden Betrag, der auf eine Weise verdient wird, die nicht allzu viel Aufwand erfordert. Viele Strategien zur Erzielung von passivem Einkommen sind zunächst sehr mühsam, wie z. B. die Erstellung eines Online-Blogs oder die Vermietung einer Immobilie, und am Ende können sie sogar dann Geld einbringen, wenn der Eigentümer schläft. Persönliches Einkommen ist bei weitem die stärkste Quelle für Wohlstand, und es erfordert die aktive Beteiligung einer Person. Selbst wenn eine Person vollzeitbeschäftigt ist, wird sie daher wahrscheinlich zusätzliches Einkommen schätzen, ohne dafür zu arbeiten. Ein Plan zur Erzielung passiver Einkünfte hat viele Vorteile. Durch das zusätzliche Einkommen kann man seine Vermögensbasis für den vorzeitigen Ruhestand erhöhen. Darüber hinaus kann passives Einkommen ein Notfallplan sein, wenn man seinen Arbeitsplatz verliert. Es bietet auch einen Ersatzplan für den Ruhestand, wenn ein Rentner die Vorteile eines Pensionsplans verliert. Es ist keine Garantie dafür, in kurzer Zeit reich zu werden. Daher ist es nicht ratsam, schnell reich zu werden. Aber beständige und lukrative passive Einkommensquellen können es einer Person ermöglichen, über einen langen Zeitraum hinweg Geld anzuhäufen. Je nach den verfügbaren Einkünften kann es sich um ein paar Tausend Dollar oder Hunderte von Dollar handeln.

Verschiedene Wege zum Aufbau eines passiven Einkommens.

Es gibt viele Methoden, um ein passives Einkommen zu erzielen. Hier sind einige von ihnen:

1. Investieren.

Wenn man von einem passiven Einkommensstrom spricht, denken viele an Investitionen, die schnell und mit minimalem Aufwand zu guten Ergebnissen führen. Aber es ist wichtig zu wissen, dass Ruhestandspläne und passives Einkommen nicht identisch sind. Der Grund für Investitionen ist, sicherzustellen, dass Sie eine Einkommensquelle haben, wenn Sie in Rente gehen. Geld in einen Investitionsplan für den Ruhestand, wenn die aktuelle Fondsauswahl stimmt. So kann eine Person einen gut geplanten Ruhestandsplan entwickeln, auch wenn bei Abhebungen vor dem Fälligkeitsdatum Steuern oder Strafgebühren anfallen können.

2. Immobilien.

Eine praktische Methode, um ein passives Einkommen zu erzielen, nachdem alle Schulden abbezahlt sind und Sie über zusätzliches Bargeld verfügen, ist die Möglichkeit, eine Immobilie zu erwerben und diese zu vermieten. Bevor Sie eine Immobilie kaufen, müssen Sie alle Hypotheken abbezahlen und die Immobilie dann mit Bargeld kaufen. Es macht keinen Sinn, Schulden für den Kauf eines Hauses zu machen. Kompliziert wird es, wenn eine Hypothek abbezahlt werden muss, aber ein Kredit für den Kauf einer Immobilie aufgenommen wurde. Es ist auch sinnvoll, eine Immobilie in der Nähe der Immobilie zu erwerben, damit der Eigentümer sich gut um sie kümmern kann. Das bedeutet, dass man sich an einen Fachmann wendet, der die Lage der Immobilie des Eigentümers kennt, um sicherzustellen, dass die Immobilie Mieter anzieht. Eine Mietimmobilie kann eine hervorragende Einnahmequelle sein, aber sie ist auch eine der wenigen Einnahmequellen, da es Zeit und Mühe erfordert, sie in gutem Zustand zu halten. Wer sich für die Vermietung einer Immobilie entscheidet, ist also jederzeit für die Immobilie verantwortlich.

Werbefläche für digitale Medien.

Der Verkauf von Werbung im Internet ist eine hervorragende Methode, um ein passives Einkommen zu erzielen, wenn man über einzigartige Ideen und viele Zuschauer verfügt. Ein YouTube-Kanal oder ein Blog kann enormen Online-Verkehr anziehen, der schließlich zu Geld gemacht werden kann. Wenn der Inhalt spannend ist und täglich viele Besucher anlockt, ist der Verkauf von Anzeigen im Blog eine ideale Möglichkeit, Geld zu verdienen. Sobald eine Person die Dinge in den "Heavy

Lifting"-Modus versetzt hat, kann sie eine Pause einlegen und sehen, wie das Einkommen steigt.

Digitale Produkte.

Wenn es eine clevere Methode zur Erstellung von Inhalten gibt, kann diese den Verkehr für jede Werbung ankurbeln. Alles, was Sie brauchen, ist ein Produkt, das die Leute, die es sich ansehen, kaufen werden. In der Regel handelt es sich dabei um ein Ebook oder eine App, mit der man über einen längeren Zeitraum Geld verdienen kann.

Laden, um den Besitz von Menschen zu lagern.

Die meisten Menschen haben verschiedene Gegenstände in ihrem Haus und suchen immer nach Möglichkeiten, sie aufzubewahren. Es gibt nicht viel Besseres, als dafür bezahlt zu werden, sich um die Gegenstände anderer zu kümmern. Um mit der Lagerung von Gegenständen für Privatpersonen Geld zu verdienen, ist jedoch eine erhebliche Anfangsinvestition in den Erwerb einer geeigneten Lagerstruktur erforderlich. Es gibt eine einfachere Möglichkeit, z. B. die Vermietung eines Schuppens oder eines Lagerraums. Es ist wichtig, dass die zu lagernden Gegenstände jeden Tag sicher sind.

Anmietung funktioneller Ausrüstung.

Einige haben nicht mehr gebrauchte Gegenstände zur Verfügung, die andere ausleihen und nutzen können. Dazu gehören Lastwagen, kleine Boote und sogar Höfe. Diese Dinge können für ein paar Dollar vermietet werden und sind eine hervorragende Methode, um ein passives Einkommen zu erzielen. Ein Haus, das nicht genutzt wird, wird über Plattformen wie Airbnb vermietet. Das Verfahren ist einfach. Man braucht ein Foto der angebotenen

Gegenstände, einen Preis und eine einprägsame Anzeige, um die Leute zu überzeugen, den Service auszuprobieren. Wenn Sie auf der Suche nach Ideen sind, die in der aktuellen Situation funktionieren, suchen Sie nach Konzepten, die sich im Laufe der Zeit bewährt haben. Finden Sie heraus, ob andere Menschen von dem Konzept profitiert haben.

Passives Einkommen verstehen.
Es gibt drei Haupteinkommensarten, darunter passives Einkommen und das Portfolio. Stagnierende Einkünfte werden aus Mietobjekten, Kommanditgesellschaften oder anderen Geschäften erzielt, an denen die Person nicht aktiv beteiligt ist, wie z. B. ein unbeteiligter Investor. Diejenigen, die das passive Einkommen propagieren, neigen dazu, die Lebensweise "Arbeite von zu Hause aus", "Sei dein eigener Chef" und "Zuhause" zu fördern. 1 Passives Einkommen ist ein in letzter Zeit weit verbreiteter Begriff. Er wird verwendet, um Geld zu beschreiben, das mit minimalen oder gar keinen Anstrengungen der Person, die es erhält, verdient wird. Bei formaler Verwendung wird passives Einkommen von der IRS als "Nettomieteinkommen" oder "Einkommen aus einem Geschäft, an dem der Steuerzahler nicht wesentlich beteiligt ist" definiert und kann in einigen Fällen auch selbst berechnete Zinsen umfassen. Zuversichtliche Analysten betrachten passive Portfolioeinkünfte, was bedeutet, dass Dividenden und Zinsen als inaktiv eingestuft werden. Das Finanzamt geht jedoch nicht immer davon aus, dass es sich bei den Einkünften aus Portfolios um passive Einkünfte handelt; daher ist es ratsam, einen fachkundigen Steuerberater zu diesem Thema zu konsultieren.

Arten von passivem Einkommen.

Beispiele für passives Einkommen sind Mietobjekte, selbstverschuldete Beteiligungen und Unternehmen, an denen die Person, die die Zahlung erhält, in keiner Weise beteiligt ist. Damit Einkommen als passiv eingestuft wird, müssen bestimmte IRS-Richtlinien beachtet werden.

Zinsen, die zu Lasten des Eigenkapitals gehen.

Wenn der Eigentümer einer Personengesellschaft oder einer S-Corporation, die ein Durchgangsunternehmen ist (im Wesentlichen ein Unternehmen, das die Auswirkungen der Doppelbesteuerung verringern soll), Geld leiht, können die Zinsen für das Darlehen auf die Erträge des Portfolios als passives Einkommen betrachtet werden.

Mietobjekte.

Die Vermietung von Immobilien gilt bis auf einige Ausnahmen als passives Einkommen. Wenn Sie als Immobilienmakler tätig sind, werden alle Mieteinnahmen, die Sie erzielen, als aktives Einkommen gezählt. Wenn es sich um eine "Selbstvermietung" handelt, d. h. wenn Sie Ihre eigenen Räumlichkeiten besitzen und diese an eine Personen- oder Kapitalgesellschaft vermieten, in der Sie geschäftlich tätig sind, handelt es sich nicht um passive Einkünfte, es sei denn, der Mietvertrag wurde vor 1988 unterzeichnet. Zu diesem Zeitpunkt sind Sie von der Definition der Passivität ausgenommen. Das Finanzamt erklärt: "Es spielt keine Rolle, ob die Nutzung im Rahmen eines Pachtvertrags, eines Dienstleistungsvertrags oder einer anderen Vereinbarung erfolgt oder nicht. "Das Einkommen aus der Verpachtung von Grundstücken zählt jedoch nicht als passives Einkommen. Ein Grundstückseigentümer kann jedoch die Regeln für Einkommensverluste bei passivem Einkommen in Anspruch nehmen, wenn das Grundstück in einem Steuerzeitraum einen Einkommensverlust verursacht. Wenn Sie Land als Investition nutzen, gelten die Gewinne als aktiv.

" Keine wesentliche Beteiligung" an einem Unternehmen.

Wenn Sie 500.000 Dollar in ein Unternehmen investieren, das Süßigkeiten verkauft, mit der Maßgabe, dass die Eigentümer einen Teil der Gewinne auszahlen, gilt dies als passives Einkommen, sofern Sie sich nicht auf andere Weise aktiv an den Geschäften des Unternehmens beteiligen, das investiert. Wenn Sie das Unternehmen und die Eigentümer verwaltet haben, könnten Ihre Einkünfte als aktiv angesehen werden, weil Sie an der "wesentlichen Beteiligung" beteiligt waren. Die IRS hat Standards für die materielle Beteiligung. Die IRS hat Richtlinien für die Beteiligung in weltlicher Hinsicht, die Folgendes umfassen: Wenn Sie mehr als 500 Stunden für Ihr Unternehmen oder Ihre Tätigkeit aufgewendet haben, die Sie verdienen, ist das eine wesentliche Beteiligung. Wenn Ihre Beteiligung an einer Handlung "im Wesentlichen" der gesamten Beteiligung im Steuerjahr entspricht, handelt es sich um eine tatsächliche Beteiligung. Wenn Sie mehr als 100 Stunden beteiligt waren, also mindestens so viel wie alle anderen an der Veranstaltung Beteiligten, gilt dies ebenfalls als erhebliche Beteiligung.

Besondere Überlegungen.

Wenn Sie den Verlust aus einer nicht passiven Tätigkeit machen, können nur passive Gewinne anstelle des Gesamteinkommens verrechnet werden. Es wird empfohlen, alle Ihre passiven Tätigkeiten auf diese Weise zu ermitteln, um den größtmöglichen Nutzen aus den Steuerabzügen zu ziehen. Diese Abzüge werden dann dem folgenden Steuerjahr zugerechnet und relativ zu den Einkünften und Verlusten des Jahres angerechnet. Nach Angaben des IRS ist es möglich, zwei oder mehr passive Tätigkeiten in einer einzigen Aktion zusammenzufassen, wenn Sie eine "geeignete wirtschaftliche Einheit" bilden, so der IRS. Wenn Sie diese Gruppe bilden, brauchen Sie nicht an mehreren Aktivitäten teilzunehmen, sondern Sie müssen dies für die gesamte Bewegung tun.

Außerdem können Sie mehrere Aktivitäten in eine Gruppe einbeziehen und müssen eine davon mit einem kleinen Teil einer Gesamtveranstaltung beenden, nicht mit allen kleineren. Das Prinzip dieser Klassifizierung ist ziemlich einfach: wenn die Geschäftstätigkeiten in demselben geografischen Gebiet liegen, wenn die Tätigkeiten in geschäftlicher Hinsicht ähnlich sind oder in irgendeiner Weise miteinander verbunden sind, z. B. wenn sie dieselben Mitarbeiter oder Kunden haben oder dasselbe Buchhaltungssystem verwenden. Wenn Sie z. B. ein Brezelgeschäft und ein Geschäft für Turnschuhe in Einkaufszentren in Monterey, Kalifornien, und Amarillo, Texas, betreiben, können Sie vier Optionen für die Klassifizierung ihrer Einkünfte aus passiven Quellen wählen:

- Alle Unternehmen wurden zu einer Aktivität zusammengefasst (alle Unternehmen befanden sich in Einkaufszentren)
- Sortiert nach geografischer Lage (Monterey sowie Amarillo)
- Sortiert nach Unternehmenstyp (Einzelhandel mit Brezeln und Schuhen)
- Oder sie konnten nicht gruppiert werden.

Kapitel no.2

Passive Einkommensideen zum Geldverdienen.

Passives Einkommen ist eine hervorragende Möglichkeit, zusätzlichen Cashflow zu generieren, unabhängig davon, ob Sie an einem Nebenerwerb arbeiten oder einfach nur jeden Monat etwas Geld verdienen wollen. Es kann Ihnen ermöglichen, in guten Zeiten mehr Einkommen zu erzielen und Sie zu unterstützen, wenn Sie plötzlich Ihren Job verlieren oder sich sogar dafür entscheiden, Ihren Job aufzugeben. Mit passivem Einkommen verdienen Sie Geld, während Sie Ihrer Hauptbeschäftigung nachgehen, oder wenn es Ihnen gelingt, einen beeindruckenden Einkommensstrom aus passiven Quellen aufzubauen, ist es möglich, eine Pause zu machen. In jedem Fall bietet es zusätzliche Sicherheit. Wenn Sie sich Sorgen machen, ob Sie genug Geld sparen können, um Ihre Ruhestandsziele zu erreichen, ist der Aufbau von Vermögen durch passives Einkommen eine Methode, die auch für Sie interessant sein könnte.

Strategien für passives Einkommen.
- Zu verkaufende Informationsprodukte
- Mieteinnahmen
- Vermarktung über Affiliates
- Flip-Produkte für den Einzelhandel
- Peer-to-Peer-Kredite
- Dividendentitel
- Eine App erstellen
- REITs

- Anleihe-Leiter
- Investition in eine hochverzinsliche Sparanlage oder CD
- Vermieten Sie Ihr Haus für kurze Zeit
- Affichage auf Ihr Fahrzeug
- Erstellen Sie einen Online-Blog oder einen YouTube-Kanal
- Wichtige Haushaltsgegenstände vermieten
- Entwerfen und verkaufen Sie Designs online.

Wie definieren Sie passives Einkommen?

Passives Einkommen ist ein regelmäßiges Einkommen aus einer externen Quelle, z. B. von einem Angestellten oder Auftragnehmer. Passives Einkommen kann aus zwei Quellen stammen, z. B. aus vermieteten Immobilien oder einem Unternehmen, an dem man nicht aktiv beteiligt ist, wie z. B. Dividenden oder Lizenzgebühren für Bücher. "Es ist ein Anreiz, um schnelles Geld zu verdienen ... aber letztendlich muss man immer noch Arbeit leisten. Es geht nur darum, sich im Vorfeld zu engagieren." In der realen Welt können Sie zunächst einen Teil oder die gesamte Arbeit leisten. Allerdings erfordert das passive Einkommen in der Regel auch zusätzliche Arbeit. Um das passive Einkommen aufrechtzuerhalten, müssen Sie möglicherweise dafür sorgen, dass Ihr Produkt auf dem neuesten Stand ist, oder Ihr Mietobjekt instand halten. Wenn Sie in der Lage sind, sich auf diese Methode einzulassen, kann sie eine effektive Möglichkeit sein, Einkommen zu erzielen und gleichzeitig für zusätzliche finanzielle Sicherheit zu sorgen.

Einkommen aus passiven Quellen ist sicherlich nicht...

- Ihre Arbeit. Im Allgemeinen bezieht sich der Begriff "passives Einkommen" auf alle Einkünfte, die aus etwas stammen, an dem Sie beteiligt waren, wie z. B. das Geld, das Sie mit Ihrer Arbeit verdienen.
- Ein anderer Job. Ein zweiter Job ist wahrscheinlich keine passive Einkommensquelle, da Sie immer noch anwesend sein und die Arbeit verrichten müssen, um Geld zu verdienen. Passives Einkommen schafft ein regelmäßiges Einkommen, ohne dass Sie viel Arbeit dafür aufwenden müssen.
- Nicht einkommenserzeugende Vermögenswerte. Investitionen können eine fantastische Methode sein, um passives Einkommen zu erzielen. Sie helfen Ihnen jedoch nur, Dividenden oder Zinsen zu erzielen. Käufe, die keine Dividenden ausschütten, wie z. B. Kryptowährungen, können attraktiv sein, bringen aber kein passives Einkommen.

15 Passive Einkommensstrategien für den Vermögensaufbau.

1. Verkauf von Informationsprodukten.

Eine gängige Methode für passives Einkommen besteht darin, ein informationsbasiertes Produkt zu erstellen, z. B. ein E-Book und einen Audio- oder Videokurs. Dann können Sie sich entspannen, während das Geld aus dem Verkauf Ihres Produkts in den Markt fließt. Kurse werden über Udemy, Skillshare und Coursera angeboten und verkauft. Sie könnten auch die Möglichkeit eines "Freemium-Modells" in Erwägung ziehen, d. h. Sie bauen sich eine Fangemeinde auf, indem Sie kostenlose Inhalte anbieten und für spezifischere Details oder für Personen, die an weiteren Informationen interessiert sind, Gebühren erheben. Zum Beispiel könnten Sprachlehrer und Börsenführer von dieser Methode profitieren. Der kostenlose Inhalt dient als Beispiel für Ihr Wissen und könnte Menschen anlocken, ihre Fähigkeiten weiter auszubauen.

- Chance: Informationsprodukte können einen lukrativen Einkommensstrom generieren, da man nach der Anfangsinvestition schnell Geld verdienen kann.
- Risiko: "Es ist ein enormer Aufwand erforderlich, um das Produkt zu erstellen", so Tresidder. "Und um damit einen anständigen Gewinn zu erzielen, muss das Produkt ausgezeichnet sein. Für Müll gibt es keinen Platz auf dem Markt."

Tresidder rät Ihnen, eine solide Plattform für die Vermarktung Ihrer Produkte zu schaffen und Pläne für neue Produkte zu machen, wenn Sie erfolgreich sein wollen. Sobald Sie das Modell Ihres Unternehmens beherrschen, kann es seiner Meinung nach Gewinn machen.

2. Mieteinnahmen.

Die Investition in Mietobjekte kann eine effektive Methode sein, um ein passives Einkommen zu erzielen. Allerdings erfordert sie in der Regel mehr Aufwand, als viele Menschen erwarten. Nehmen wir an, Sie verbringen nicht die Zeit, um zu verstehen, wie man sie in eine profitable Investition verwandelt. In diesem Fall ist es möglich, dass Sie Ihre Investition nicht zurückgewinnen können, der Rest, sagt John H. Graves, ein akkreditierter Anlagetreuhänder (AIF) im Raum Los Angeles und Autor von "The 7% Solution: Sie können sich einen komfortablen Ruhestand leisten."

- Chance: Um passives Einkommen aus Mietobjekten zu erzielen, müssen Sie laut Graves drei Dinge beachten:

Wie hoch ist der maximale Ertrag, den Sie mit Ihrer Investition erzielen möchten? Die Gesamtkosten für das Haus und die Ausgaben. Das finanzielle Risiko, das mit dem Besitz der Immobilie verbunden ist. Wenn Sie z. B. ein jährliches Einkommen von 10.000 $ aus dem Miet-Cashflow erzielen wollen und die Immobilie mit einer Hypothek von monatlich 2.000 $ finanziert ist und Sie weitere 300 $ pro Monat für Steuern und andere Kosten zahlen müssen, dann müssen Sie 3.133 $ pro Monat an Miete verlangen, um Ihre Ziele zu erreichen.

- Risiko: Es gibt eine Reihe von Fragen, die zu berücksichtigen sind. Gibt es in Ihrem Haus irgendwelche Märkte? Was passiert, wenn Sie einen unzufriedenen Mieter haben oder Ihr Eigentum beschädigen? Was ist, wenn Sie nicht in der Lage sind, Ihr Haus zu vermieten? Einer dieser Umstände kann zu einem erheblichen Rückgang Ihres Einkommens aus passiven Quellen führen.

Auch der wirtschaftliche Abschwung kann Probleme verursachen. Es könnte einen plötzlichen Zustrom von Mietern geben, die ihre Miete nicht zahlen können, und Sie müssen vielleicht noch eine Hypothek bezahlen. Möglicherweise können Sie Ihr Haus nicht mehr so oft vermieten wie früher, da die Einkommen gesunken sind. Außerdem sind die Immobilienpreise in letzter Zeit wegen der niedrigeren Hypothekenzinsen gestiegen, was bedeutet, dass die Miete, die Sie zahlen, möglicherweise nicht ausreicht, um Ihre Ausgaben zu decken. Daher müssen Sie die Risiken bedenken und Notfallpläne aufstellen, um sich abzusichern.

3. Vermarktung über Partnerunternehmen.

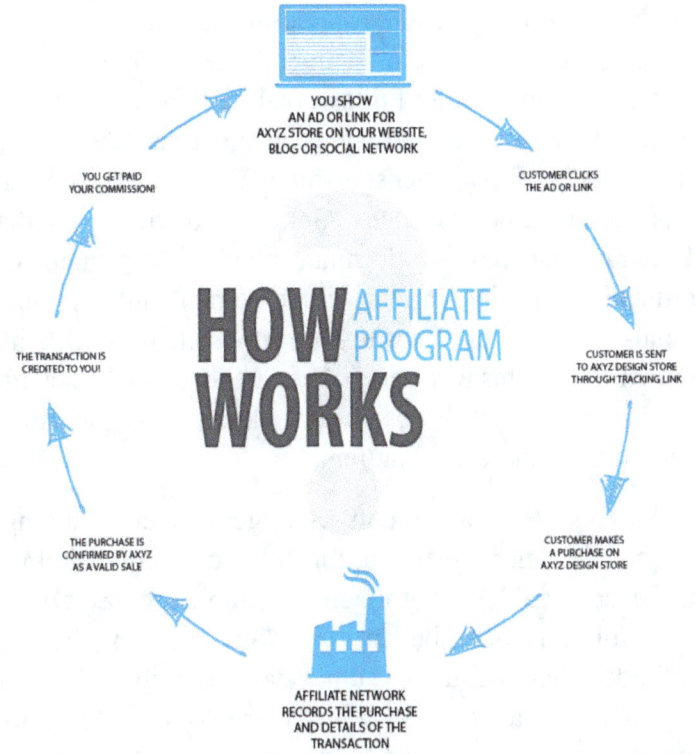

Beim Affiliate-Marketing werben Website-Besitzer, Social-Media-"Influencer" oder Blogger für das Produkt eines Dritten, indem sie die Website oder das Social-Media-Profil des Produkts bewerben. Die Social-Media-Plattformen Instagram und TikTok sind heute wichtige Plattformen für diejenigen, die ihre Anhängerschaft vergrößern und für Produkte werben wollen. Sie könnten auch darüber nachdenken, mehr E-Mails zu verschicken, um auf Ihren Blog aufmerksam zu machen oder Kunden auf Dienstleistungen oder Produkte hinzuweisen, die sie interessieren könnten. Klickt ein Kunde auf den Link und kauft dann das Drittanbieterprodukt, erhält der Inhaber der Website eine Provision. Die Provision kann zwischen 3 und 7 Prozent liegen, was bedeutet, dass Sie wahrscheinlich eine beträchtliche Anzahl von Besuchen auf Ihrer Website haben müssen, um ein beträchtliches Einkommen zu erzielen. Wenn Sie Ihre Followerzahl erhöhen oder sich auf einen der lukrativeren Bereiche spezialisieren können (z. B. Fitness oder Finanzdienstleistungen), können Sie unter Umständen eine Menge Geld verdienen. Affiliate-Marketing ist passiv, da man glaubt, dass man Geld verdienen kann, indem man einfach einen Link auf seinem Social-Media- oder Website-Konto postet. In Wirklichkeit können Sie nichts verdienen, wenn Sie es nicht schaffen, Menschen auf Ihre Website zu locken, damit sie auf den Link klicken und etwas kaufen.

Das Risiko: Wenn Sie gerade erst anfangen, müssen Sie Zeit investieren, um Inhalte zu entwickeln und die Besucherzahlen zu erhöhen. Es kann einige Zeit dauern, ein Publikum aufzubauen, und Sie müssen die beste Methode herausfinden, um das richtige Publikum anzuziehen, was einige Zeit dauern kann. Mehr noch: Nachdem Sie Ihre Energie investiert haben, könnte das Publikum eher zum nächsten angesagten Influencer oder Trend oder zu einer anderen sozialen Plattform abwandern.

4. Einzelhandelsprodukte umdrehen.

Nutzen Sie Online-Verkaufsplattformen wie eBay oder Amazon und bieten Sie die von Ihnen gekauften Produkte anderswo zu ermäßigten Preisen an. Arbitrage ist die Differenz zwischen den Preisen Ihres Einkaufs und Ihres Verkaufs und könnte dazu führen, dass Sie eine Fangemeinde von Kunden aufbauen, die Ihre Verkäufe im Auge behalten.

Chance: Sie können von Preisen profitieren, die zwischen dem, was Sie kaufen können, und dem, was der durchschnittliche Käufer finden kann, liegen. Es kann besonders vorteilhaft sein, wenn Sie eine Person haben, die Sie zu Schnäppchen führen kann, die nicht viele Käufer erkennen können. Es ist auch möglich, wertvolle Produkte zu entdecken, die andere vielleicht übersehen haben.

Risiko: Der Verkauf kann zwar online erfolgen, was diese Strategie völlig passiv macht, aber es ist dennoch notwendig, nach einer zuverlässigen Quelle für Produkte zu suchen. Außerdem müssen Sie Geld in alle von Ihnen angebotenen Produkte investieren, bis sie sich verkaufen, was bedeutet, dass Sie eine dauerhafte Geldquelle benötigen. Es ist wichtig, den Markt zu verstehen, um sicherzustellen, dass Sie nicht zu teuer einkaufen. Andernfalls könnten Sie Produkte bekommen, die niemand will oder deren Wert Sie drastisch senken müssen, um sie zu vermarkten.

5. **Peer-to-Peer-Kredite.**

Ein Peer-to-Peer-Kredit (P2P) ist ein privater Kredit, der zwischen Ihnen und dem Kreditnehmer vergeben wird. Er wird von einer zwischengeschalteten dritten Partei wie Prosper und LendingClub verwaltet. Andere Anbieter sind Funding Circle, das sich an Unternehmen mit einem höheren Kreditrahmen richtet, und Payoff, das auf höhere Kreditrisiken ausgerichtet ist.

Chance: Als Darlehensgeber verdienen Sie durch die Zinszahlungen auf die Kredite Geld. Da das Darlehen jedoch unbesichert ist, kann es zu einem Zahlungsausfall kommen, was bedeutet, dass Sie ohne einen Cent dastehen könnten.

Um das Risiko zu verringern, müssen Sie zwei Schritte unternehmen:

Diversifizieren Sie Ihr Kreditportfolio, indem Sie kleine Beträge in mehrere Kredite investieren. Bei Prosper.com und LendingClub beträgt die Mindestinvestition pro Kredit 25 US-Dollar. Prüfen Sie historische Informationen über potenzielle Kreditnehmer, um fundierte Entscheidungen zu treffen.

Risiko: Es braucht Zeit, um die Statistiken der P2P-Kredite zu verstehen. Daher ist es kein völlig passiver Prozess. Sie müssen sicher sein, dass Sie den Hintergrund potenzieller Kreditnehmer überprüfen. Da Sie mehrere Kredite aufnehmen, ist es wichtig, dass Sie den erhaltenen Betrag im Auge behalten. Die Zinserträge müssen wieder angelegt werden, wenn Sie ein Einkommen erzielen wollen. Ein wirtschaftlicher Abschwung könnte auch dazu führen, dass hochverzinsliche Privatkredite eher scheitern. Sollte COVID-19 oder eine seiner Varianten mehr wirtschaftlichen Schaden anrichten, könnten die Kredite mit höheren Raten als dem historischen Durchschnitt fallen.

6. Dividendentitel.

Aktionäre von Unternehmen, die Dividendenaktien halten, erhalten alle paar Monate eine Dividende durch das Unternehmen. Das Unternehmen zahlt die Gewinne jedes Quartal in bar aus, und alles, was Sie tun müssen, ist, die Aktien zu besitzen.

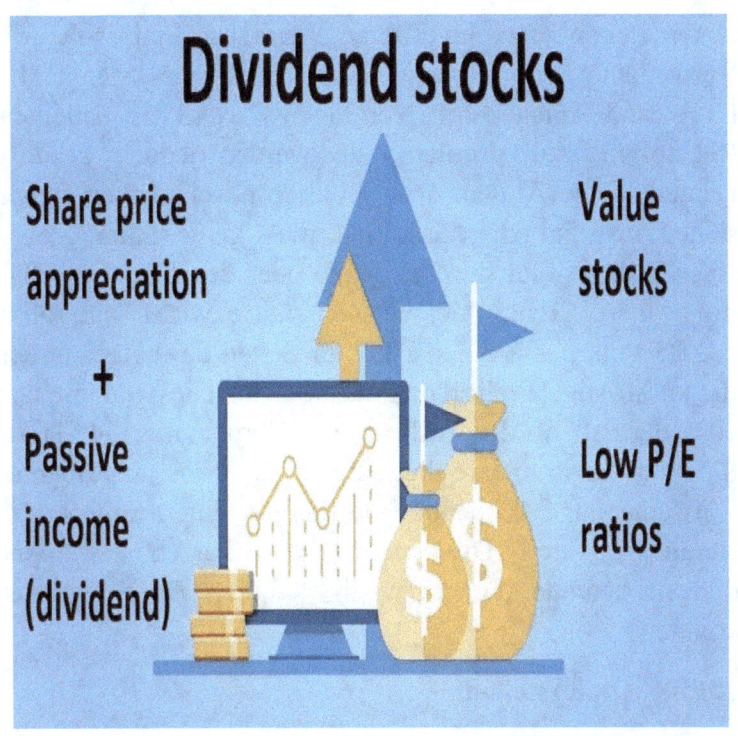

Chance: Da die Erträge aus der Aktie an keine andere Aktivität als die erste Geldanlage gebunden sind, kann die Investition in Dividendenaktien eine der einfachsten Methoden sein, Geld zu verdienen. Die Dividenden werden auf das Maklerkonto überwiesen.

Risque: Der schwierige Teil besteht darin, die richtigen Aktien auszuwählen. Unternehmen, die zum Beispiel eine extrem hohe Dividende zahlen, können diese möglicherweise nicht aufrechterhalten. Graves warnt davor, dass sich viele neue Anleger auf den Markt stürzen, ohne ihre Hausaufgaben über das Unternehmen, das die Aktien ausgibt, zu machen.

Es gibt Möglichkeiten, in dividendenstarke Aktien zu investieren, ohne viel Zeit in die Prüfung der

Unternehmen zu investieren. Graves empfiehlt die Verwendung von börsengehandelten Fonds oder ETFs. ETFs sind Anlagen mit Vermögenswerten wie Anleihen, Rohstoffen und Vorräten; sie werden jedoch genauso gehandelt wie Aktien. Das heißt, wenn ein Unternehmen seine Ausschüttung kürzt, hat dies keine allzu großen Auswirkungen auf die Dividende oder den Kurs des ETF. Ein weiteres Risiko, dessen man sich bewusst sein sollte, könnte sein, dass Aktien-ETFs in Zeiten der Ungewissheit für kurzfristige Einbrüche anfällig sind. Dies war im Jahr 2020 der Fall, als der Ausbruch des Coronavirus die Märkte für Finanzinstrumente beeinträchtigte. Eine angespannte Wirtschaftslage kann auch bestimmte Unternehmen dazu zwingen, ihre Dividenden zu kürzen, während diversifizierende Fonds weniger unter Druck geraten könnten.

7. Eine App erstellen.

Die Erstellung einer App kann eine Gelegenheit sein, die Anfangsinvestition zu tätigen und im Laufe der Zeit einen Gewinn zu erzielen. Es könnte sich um ein Spiel handeln, das den Nutzern von Mobiltelefonen hilft, eine schwierige Aufgabe zu erfüllen. Sobald Ihre App veröffentlicht ist, wird sie von den Nutzern heruntergeladen. Laden Sie die App herunter, und Sie werden Geld verdienen können.

Chancen: Eine App hat ein enormes Potenzial, wenn Sie etwas schaffen, das die Aufmerksamkeit Ihrer Zielgruppe erregt. Sie müssen sich überlegen, wie Sie Ihre App am besten vermarkten können. Sie könnten zum Beispiel In-App-Werbung einsetzen oder den Nutzern erlauben, einen kleinen Betrag für das Herunterladen der Anwendung zu zahlen. Wenn Ihre App an Beliebtheit gewinnt oder Feedback von den Nutzern erhält, müssen Sie wahrscheinlich weitere Funktionen hinzufügen, um die App aktuell und beliebt zu machen.

Risiko: Die größte Gefahr besteht darin, dass Sie Ihre Zeit auf unrentable Weise verbringen. Wenn Sie nur sehr wenig oder gar nichts in das Projekt investieren (oder Geld, das Sie bereits ausgegeben haben, z. B. für Hardware), besteht kein Risiko eines finanziellen Verlusts. Aber der Markt ist hart umkämpft, und die erfolgreichsten Apps sollten einen attraktiven Nutzen oder ein attraktives Erlebnis für die Kunden bieten. Außerdem müssen Sie sicherstellen, dass Ihre Anwendung, wenn sie Daten sammelt, die Datenschutzgesetze einhält, die von Land zu Land unterschiedlich sind. Die Popularität von Apps kann vorübergehend sein, was bedeutet, dass Ihr Cashflow viel schneller abfließt, als Sie erwartet haben.

8. REITs.

Ein REIT ist eine Abkürzung für Property Investment Trust (Immobilienfonds), eine schicke Bezeichnung für ein Unternehmen, das Immobilien besitzt und verwaltet. REITs haben eine einzigartige rechtliche Struktur, was bedeutet, dass sie eine minimale oder gar keine Einkommenssteuer zahlen, wenn sie den Großteil ihrer Gewinne an die Aktionäre ausschütten.

Chance: Sie können REITs auf dem Aktienmarkt kaufen, genau wie jedes andere Unternehmen oder Dividendenaktien. Der REIT verdient den Betrag, den er als Dividende ausschüttet, und die renommiertesten REITs haben eine Erfolgsbilanz, indem sie ihre Dividenden jährlich erhöhen, was bedeutet, dass Sie im Laufe der Zeit wachsende Tipps haben werden. Wie bei Dividendenaktien sind REITs risikoreicher als eine Investition in einen ETF, der mehrere REIT-bezogene Geschäfte umfasst. Der Fonds bietet eine sofortige Diversifizierung und ist in der Regel sicherer als der Kauf einzelner Aktien. Und Sie erhalten trotzdem eine gute Dividende.

Das Risiko: Genau wie bei Dividendenaktien müssen Sie die zuverlässigsten REITs identifizieren. Das bedeutet, dass Sie jedes Unternehmen, das Sie kaufen möchten, genau unter die Lupe nehmen müssen - ein langwieriges Verfahren. Obwohl es sich um einen passiven Prozess handelt, könnten Sie einen massiven Dollarverlust erleiden, wenn Sie sich nicht sicher sind, ob Sie das Richtige tun. Wie bei jeder Aktie ist der Kurs innerhalb kurzer Zeit starken Schwankungen unterworfen. Auch die von REITs ausgeschütteten Dividenden sind nicht vor den Turbulenzen der Wirtschaft geschützt. Wenn der REIT nicht genügend Einnahmen erzielt, muss er seine Dividende kürzen oder streichen. Das bedeutet, dass Ihr passives Einkommen genau dann gekürzt werden könnte, wenn Sie es am meisten brauchen.

9. Eine Anleihe-Leiter.

Die Anleihenleiter ist eine Sammlung von Anleihen, die im Laufe der Jahre in verschiedenen Abständen fällig werden. Die gestaffelte Fälligkeit ermöglicht es Ihnen, das Risiko der Wiederanlage zu verringern, d. h. die Möglichkeit, Ihre Mittel wieder anzulegen, wenn Anleihen niedrige Zinsen bieten.

Möglichkeiten: Eine Anleihenleiter ist eine bekannte Anlageoption, die für Menschen, die kurz vor dem Ruhestand stehen, und für Rentner schon lange attraktiv ist. Man kann sich entspannen und seine Zinsen nehmen, und wenn die Anleihe fällig ist, kann man die "Leiter" verlängern und das Kapital in eine andere Sammlung von Anleihen stecken. Sie könnten zum Beispiel mit Anleihen beginnen, die sich über ein Jahr, 3 Jahre, 5 Jahre oder sieben Jahre erstrecken. In einem Jahr, nachdem die erste Anleihe fällig ist, gibt es dann noch Anleihen mit einer Laufzeit von zwei, vier oder sechs Jahren. Sie können das Geld des gerade fällig gewordenen Klebers verwenden, um eine weitere einjährige Anleihe zu kaufen, oder Sie können es auf einen längeren Zeitraum wie 8-jährige Anleihen ausdehnen.

Das Risiko: Eine Anleihenleiter beseitigt eines der größten Risiken beim Kauf von Anleihen: die Möglichkeit, dass Sie bei Fälligkeit Ihrer Anleihe eine weitere Anleihe kaufen müssen, auch wenn die Zinssätze möglicherweise nicht attraktiv sind. Anleihen sind mit weiteren Risiken verbunden. Sie bergen auch zusätzliche Risiken. Auch wenn die Bundesregierung Staatsanleihen versichert, sollten Sie mehrere Anleihen besitzen, um Ihr Risiko zu streuen und die Gefahr zu minimieren, dass eine Anleihe Ihr Portfolio beeinträchtigt. Wenn die Zinssätze steigen, könnte dies die Erträge aus Ihren Anleihen verringern. In Anbetracht dieser Probleme entscheiden sich viele Anleger für börsengehandelte Anleihenfonds. Diese bieten eine Diversifizierung von Anleihenfonds, die Sie zu einer Leiter zusammenstellen können, um die Möglichkeit auszuschließen, dass sich eine Anleihe negativ auf Ihre Erträge auswirkt.

10. Legen Sie Ihr Geld auf ein hochverzinsliches CD- oder Sparkonto.

Ein hochverzinsliches Einlagenzertifikat (CD) oder Sparkonto bei einer der Online-Banken verschafft Ihnen ein passives Einkommen und einen der besten Zinssätze des Landes.

Chance: Sie müssen eine schnelle Suche nach den höchsten CD-Zinsen im Land und den besten Sparkonten durchführen. Im Allgemeinen ist es vorteilhafter, eine Online-Bank anstelle einer lokalen Bank zu wählen, da Sie den besten in den Vereinigten Staaten verfügbaren Zinssatz wählen können. Außerdem erhalten Sie eine garantierte Rendite auf Ihr Kapital bis zu 250.000 $, wenn Ihre Bank bei der FDIC versichert ist.

Risiko: Solange Ihre Bank bei der FDIC versichert ist und über Limits verfügt, ist Ihr Kapital geschützt. Daher kann die Anlage Ihres Geldes in Form einer CD oder eines Sparkontos die sicherste Rendite sein, die Sie finden können. Aber auch wenn sie sicher sind, werfen sie weniger ab als früher. Dies gilt insbesondere im Vergleich zur Inflation, die bis 2021 im mittleren einstelligen Bereich liegen wird. Das könnte die Kaufkraft Ihres Geldes verringern. Aber ein Konto mit einem Sparguthaben oder einer CD bietet eine bessere Rendite als ein zinsloses Girokonto, auf dem Sie etwa null verdienen.

11. Ihr Haus kurzfristig vermieten.

Diese einfache Strategie nutzt den Raum, den Sie nicht nutzen, und verwandelt ihn in eine lukrative Geschäftsmöglichkeit. Wenn Sie im Sommer verreisen oder die Stadt für einige Zeit verlassen oder sogar verreisen müssen, sollten Sie darüber nachdenken, Ihren Raum während Ihrer Abwesenheit zu vermieten.

Die Möglichkeit: Sie können Ihren Raum auf einer beliebigen Website wie Airbnb anbieten und die Mietbedingungen selbst festlegen. Sie erhalten eine Vergütung für Ihre Bemühungen ohne zusätzlichen Aufwand, vor allem bei Mietern, die nur für einen kurzen Zeitraum bleiben.

Das Risiko: Sie haben in diesem Fall kein finanzielles Interesse, aber die Vermietung Ihrer Wohnung ist ein für die meisten passiven Investitionen untypisches

Risiko. Die Mieter könnten Ihre Wohnung verunstalten oder ruinieren oder Wertgegenstände wie.

12. Werben Sie auf Ihrem Fahrzeug für Ihr Unternehmen.

Es gibt eine Möglichkeit, zusätzliches Geld zu verdienen, indem Sie einfach mit Ihrem Fahrzeug durch die Stadt fahren. Suchen Sie sich eine spezialisierte Werbeagentur, die Ihr Fahrverhalten analysiert, z. B. wohin Sie fahren und wie viel Sie fahren. Wenn Sie gut zu einem der Kunden passen, kann diese Agentur Ihr Auto kostenlos mit Werbung "bekleben". Die Agenturen suchen nach moderneren Fahrzeugen, und die Fahrer müssen eine saubere Fahrerkarriere haben.

Chance: Sie müssen zwar rausgehen und fahren, aber es ist eine hervorragende Gelegenheit, Hunderte von Dollar pro Monat zu verdienen, wenn Sie sich bemühen, sich zu bewegen. Fahrer können kilometerweise Geld verdienen.

Risiko: Wenn Sie diese Idee faszinierend finden, sollten Sie ein seriöses Unternehmen als Partner wählen. Viele Betrüger haben in diesem Bereich eine Masche entwickelt, mit der sie versuchen, Sie um Tausende von Dollar zu erpressen.

13. Erstellen Sie einen YouTube- oder Blog-Kanal.

Sind Sie ein Experte für Reisen nach Thailand? Ein Meister in Minecraft? Ein Swingtanz-Sultan? Finden Sie Ihre Liebe zu einem bestimmten Thema und machen Sie daraus einen Online-Blog oder einen YouTube-Kanal.

Nutzen Sie Werbung oder Sponsoren, um Ihre Einnahmen zu erzielen. Wählen Sie ein beliebtes Thema oder sogar ein Segment, und Sie werden ein Experte auf diesem Gebiet. Am Anfang müssen Sie eine Sammlung von Inhalten erstellen und ein Publikum anziehen, aber mit der Zeit, wenn Sie für die Qualität Ihrer Inhalte berühmt geworden sind, werden Sie eine stetige Einnahmequelle schaffen.

Chance: Sie können eine kostenlose (oder äußerst kostengünstige) Plattform nutzen und dann Ihre hervorragenden Inhalte einsetzen, um ein Publikum aufzubauen. Je ausgeprägter Ihre Stimme oder Ihr Fachgebiet ist, desto attraktiver ist es für Sie, "die" Person zu sein, der man folgt. So können Sie Sponsoren auf sich aufmerksam machen.

Risiko: Sie müssen von Anfang an Inhalte erstellen und dann regelmäßige Inhalte entwickeln, was einige Zeit in Anspruch nehmen kann. Außerdem müssen Sie sich für das Produkt engagieren, denn das kann helfen, die Motivation zum Weitermachen aufrechtzuerhalten, vor allem am Anfang, wenn Ihre Fans Ihre Website noch entdecken. Das größte Problem ist, dass Sie enorme Ressourcen und Zeit aufwenden müssen und nichts vorzuweisen haben, wenn Sie sich nicht für Ihr spezielles Thema oder Fachgebiet begeistern können. Ihr Wissensgebiet könnte zu eng sein, um ein großes Publikum anzusprechen, aber das wissen Sie erst, wenn Sie es ausprobiert haben.

14. Vermieten Sie wertvolle Haushaltsgegenstände.

Hier ist eine Alternative zum Vermieten Ihres ungenutzten Fahrzeugs. Beginnen Sie mit Haushaltsgegenständen, die von vielen Menschen benötigt werden, aber vielleicht in Ihrer Garage verstauben. Rasenmäher? Elektrowerkzeuge? Mechanische Werkzeuge sowie ein Werkzeugkasten? Große Kühlboxen oder Zelte? Denken Sie an Gegenstände von hohem Wert, die nur für kurze Zeit benötigt werden und bei denen es vielleicht nicht logisch ist, dass jemand sie besitzt. Schaffen Sie eine Methode, mit der Kunden Ihr Inventar entdecken können, und einen Plan, wie sie dafür bezahlen können.

Zufall: Sie können hier klein anfangen und das Interesse in einer bestimmten Region allmählich steigern. Sehen Sie, dass die Leute ein Außenzelt haben wollen, wenn das Wetter wärmer oder kälter wird? Finden Sie heraus, wofür eine Nachfrage besteht, und nehmen Sie sich dann die Zeit, den Artikel zu kaufen, anstatt ihn vorrätig zu haben. In manchen Fällen können Sie die Kosten für den Artikel nach ein paar Benutzungen wieder hereinholen. Sie können das Risiko jedoch durch Verträge verringern, die es Ihnen erlauben, den Gegenstand auf Kosten des Käufers zu reparieren oder zu ersetzen. Wenn Sie mit einem geringeren Betrag beginnen, ist das kein Risiko. Jedes

Risiko, vor allem, wenn Sie den Gegenstand bereits besitzen und ihn wahrscheinlich nicht mehr benötigen werden. Achten Sie auf die Haftungsfrage, vor allem wenn Sie Geräte mieten, die wahrscheinlich gefährlich sind (z. B. Elektrowerkzeuge.)

15. Verkaufen Sie Ihre Entwürfe online.

Wenn du ein geschickter Designer bist und Talent hast, kannst du diese Fähigkeiten in eine Einnahmequelle verwandeln, indem du Produkte mit deinen Designs verkaufst. Unternehmen wie CafePress und Zazzle ermöglichen es dir, Hüte, T-Shirts und Tassen zu verkaufen, indem du deine Methoden anwendest.

Chance: Sie können mit Ihren Entwürfen beginnen und dann sehen, woran die Leute interessiert sind, und sich dort weiterentwickeln. Vielleicht können Sie das steigende Interesse an einem bevorstehenden Ereignis nutzen und ein T-Shirt entwerfen, das diesen Moment widerspiegelt, oder sogar eine humorvolle Version des Themas. Außerdem können Sie auf einer Website wie Shopify ein eigenes Schaufenster einrichten, um Ihre Produkte zu verkaufen.

Risiko: Druckpartner ermöglichen den Versand von Artikeln, ohne dass Sie selbst direkt in die Produkte investieren müssen, wodurch Sie eines der größten Risiken vermeiden, nämlich Ihr Geld zu behalten. Möglicherweise können Sie auch günstigere Preise aushandeln, wenn Sie selbst in einen Teil des Inventars investieren. Ein weiteres Risiko besteht darin, dass Sie über einen langen Zeitraum investieren müssen und nur eine sehr geringe Rendite erhalten. Dies könnte jedoch eine gute Option sein, wenn Sie die Designarbeit bereits aus einem anderen Grund durchführen, z. B. für Ihre eigenen Interessen.

Wie viele Einkommensströme sollten Sie haben?

Es gibt keine "Einheitsgröße" für alle Einkommensströme. Wie viele Einkommensquellen Sie erschließen können, hängt von der Situation Ihrer Finanzen ab. Es ist jedoch ein guter Anfang, zumindest einige Einkommensquellen zu haben. Sie müssen sicherstellen, dass Ihre Bemühungen um eine neue passive Einkommensquelle nicht dazu führen, dass Sie das Interesse an anderen Einkommensquellen verlieren. Sie müssen sich auf die richtigen Dinge konzentrieren und sicherstellen, dass Sie die profitabelsten Optionen für Ihre Zeit auswählen.

Strategien für passives Einkommen für Neulinge in diesem Bereich.

Ein hochverzinsliches Sparkonto. Ein hochverzinsliches Sparkonto kann eine einfache Möglichkeit sein, Ihre Ersparnisse über das hinaus zu erhöhen, was Sie mit einem normalen Spar- oder Girokonto verdienen würden. Es ist nicht viel, aber eine einfache Möglichkeit, ein passives Einkommen zu erzielen. Einlagenzertifikate. Einlagenzertifikate sind eine weitere Methode, um ein Einkommen zu erzielen, das keine Einkommensquelle ist, aber das Geld, das Sie verdienen, wird mehr als auf einem Konto mit einer hohen Rendite verwirbelt. Investmentfonds in Immobilien. REITs sind eine Option, mit der Sie in Immobilien investieren können, ohne die ganze Arbeit mit der Verwaltung von Immobilien zu unterstützen. REITs zahlen in der Regel den Großteil ihrer Erträge in Form von Dividenden aus, was sie zu einer beliebten Wahl für Anleger macht, die ein regelmäßiges Einkommen erzielen möchten.

Reduzieren Sie Ihre Steuerlast auf passives Einkommen.

Ein passives Einkommen kann eine hervorragende Methode sein, um ein zusätzliches Einkommen zu erzielen, aber der Aufwand ist auch steuerpflichtig. Sie können jedoch die Steuerlast minimieren und sich auf die Zukunft vorbereiten, indem Sie sich als Unternehmen gründen und ein Konto für den Ruhestand einrichten. Dieser Ansatz ist nicht für alle passiven Strategien geeignet, aber Sie müssen ein rechtmäßiges Unternehmen haben, um die Voraussetzungen zu erfüllen. Melden Sie sich beim Finanzamt an und lassen Sie sich eine Steueridentifikationsnummer für Ihr Unternehmen geben. Wenden Sie sich an einen Makler, der ein Rentenkonto für Selbstständige einrichten kann, z. B. Charles Schwab oder Fidelity.

Finden Sie heraus, welches Rentenkonto für Ihre Bedürfnisse am besten geeignet ist.

Zu den begehrtesten Möglichkeiten gehören die individuelle 401(k) und die SEP-IRA. Wenn Sie das Geld in die herkömmliche 401(k) oder SEP-IRA einzahlen, haben Sie Anspruch auf einen Steuerabzug für die Steuern dieses Steuerjahres. Die 401(k)-Einzelversicherung ist ideal, da Sie Ihr gesamtes Einkommen bis zur jährlichen Höchstgrenze auf das Konto einzahlen können. Außerdem können Sie bei der SEP-IRA einen Beitrag von 25 Prozent leisten. Darüber hinaus können Sie in die Solo 401(k) einzahlen, bei der Sie einen zusätzlichen Beitrag von bis zu 25 % des Unternehmenseinkommens leisten können. Wenn Sie diesen Weg in Erwägung ziehen, vergleichen Sie die Unterschiede zwischen den beiden Kontenarten oder informieren Sie sich über die besten Altersvorsorgepläne für Selbstständige.

Kapitel no.3

Passive Einkommensideen, die Sie reich machen werden.

Geld zu verdienen, während man im Bett liegt oder am Strand Mimosen schlürft, ist der Traum von uns allen (und selbst diejenigen, die behaupten, es sei nicht möglich, sind es wahrscheinlich nicht!) Es ist eine Möglichkeit, aber ist es auch möglich, Geld zu verdienen, ohne einen Finger zu rühren? Mit diesen innovativen passiven Einkommensoptionen kommen Sie dem idealen Leben einen Schritt näher - und mit dem Geld, das Sie dafür brauchen, um es zu finanzieren! Bevor wir uns mit den effektivsten passiven Einkommensoptionen beschäftigen, die Ihren Bedürfnissen und Ihrem Lebensstil entsprechen, sollten Sie verstehen, was wir unter "passivem Einkommen" verstehen. Dieser Begriff wird oft falsch interpretiert oder missbraucht. Passives Einkommen ist zwar keine magische Geldverdienmethode, mit der Sie mit wenig Aufwand Geld verdienen können, aber es ist eine wirksame Methode zur Gewinnsteigerung, bei der Sie Ihren Aufwand im Laufe der Zeit verringern. Im Laufe der Zeit verringert sich also Ihr Aufwand, während die Gewinne steigen. Das klingt doch wunderbar, oder?! Die Suche nach der perfekten Immobilie ist mit einigem Aufwand verbunden; außerdem müssen Sie sich mit den rechtlichen Aspekten der Gleichung befassen und sich auf die Vermietung vorbereiten - sowie mit finanziellen Investitionen wie Kautionen und Hypotheken, nachdem Sie Ihre Mieter an Bord geholt haben. Sie werden mit wenig Aufwand viel Geld verdienen. Sie müssen sich vielleicht um ein paar Inspektionen und Mieterwechsel kümmern, aber die meiste Zeit werden Sie als Vermieter damit verbringen, die Vorteile des passiven Einkommens aus der Vermietung zu nutzen. Im Grunde genommen ist es eine langfristige Entscheidung, die kurzfristige Kompromisse erfordert. Wenn Sie bereit sind, Ihre Zeit, Ihr Fachwissen und Ihr Bargeld dem Ziel zu widmen, ein passives Einkommen zu erzielen und möglicherweise einen vorzeitigen Ruhestand zu genießen, könnten Sie auf lange Sicht Hunderte von Dollar verdienen.

Was wird als passives Einkommen betrachtet?

Passives Einkommen wird häufig mit einem Nebenerwerb verwechselt und missverstanden. Ein zweiter oder dritter Job kann dazu beitragen, Ihre Einkommensströme zu verbessern; wenn er jedoch so betrieben wird, dass Sie immer weiter weg gehen können (während Sie immer mehr Geld verdienen), ist er völlig "passiv". Ihre Arbeit soll ein passiver Einkommensstrom sein. Der Zweck eines Einkommensstroms ist es, Ihr Einkommen regelmäßig zu erhöhen oder Ihnen zu ermöglichen, früher in Rente zu gehen. Die Haupttätigkeit, die Sie ausüben, erzeugt kein passives Einkommen. Eine Gelegenheit, ein Nebeneinkommen zu erwirtschaften, ein Nebenjob, könnte passives Einkommen generieren; diese sind häufig ein Beispiel für aktives Einkommen, weil sie Konzentration und Engagement erfordern, um aufrechtzuerhalten. Wenn Ihre Nebentätigkeit es Ihnen jedoch ermöglicht, einen Schritt zurückzutreten und den Schwung nicht zu verlieren, könnte sie sich mit der Zeit in einen passiven Einkommensstrom verwandeln. Die Beratung kann eine hervorragende Möglichkeit sein, ein zusätzliches Einkommen zu erzielen, oder eine Option für ein Online-Geschäft, wenn Sie über Fachwissen auf einem Gebiet verfügen, das Sie der Welt mitteilen möchten; sie ist jedoch keine Quelle für passives Einkommen. Sie müssen Ihr Unternehmen zusammen mit anderen Personen aufbauen, die sich um den praktischen Aspekt kümmern, während Sie sich entspannen und die Vorteile genießen.

Investitionen zu Spekulationszwecken Man hört häufig, dass der Markt für Investitionen genutzt wird, um passives Einkommen zu erzielen. Wir sind jedoch nicht der Meinung, dass Investitionen in den Glauben zu den besten Möglichkeiten gehören, passives Einkommen zu erzielen, und zwar aus einem Hauptgrund... Die Wertsteigerung von Aktien ist kein Einkommen. Die Investition in Aktien, die Dividenden ausschütten, ist jedoch ein Beispiel für passives Einkommen, da sie Ihnen einen regelmäßigen Einkommensschub verschafft, ohne dass Sie etwas dafür tun müssen.

Beispiele dafür, was kein passives Einkommen ist:

Diese beliebten kleinen Geschäftsideen sind kein passiver Einkommensstrom.

Aktive Idee	Passive Alternative
Eine Beratungstätigkeit, bei der Sie pro Stunde bezahlt werden.	Entwickeln Sie Ihren Online-Kurs, den man kaufen kann
Die Programmierung auf Computern ist kostenpflichtig	Die Gestaltung eines Programms wird lizenziert und dann wiederholt verkauft.

Schreiben für Freiberufler	Der Prozess des Schreibens eines Buches oder eines Ebooks
Bauwesen oder ein ähnlicher Bereich	Investitionen in Immobilien
Der Fahrer fährt im Namen von Uber und eines Lieferdienstes	Verkaufen oder Vermieten Ihres Fahrzeugs oder Vermieten von Werbeflächen auf Ihrem Fahrzeug
Fotografieren von Fotoshootings, Veranstalten von Fotoshootings oder Durchführen von Fotoshootings im Austausch für eine Provision	Verkauf von Archivbildern oder Entwicklung Ihres Instagram-Kontos für Fotografie

Diese Liste von Beispielen kann Ihnen helfen, das Konzept des passiven Einkommens zu verstehen und zu verstehen, wie Sie Ihren derzeitigen Nebenjob in ein lukratives Geschäft verwandeln können, mit dem Sie sogar im Schlaf Geld verdienen können.

Wie man ein passives Einkommen schafft.

Obwohl es schön ist, eine Vielzahl von Konzepten und Plänen für passives Einkommen zu haben, ist es wichtig zu bedenken, dass nicht alle Ideen ideal sind. Selbst wenn Sie andere dabei beobachtet haben, wie sie mit einer bestimmten Methode Geld verdienen, gibt es keine Garantie dafür, dass sie Ihren Bedürfnissen, Ihren Fähigkeiten oder Ihrem Lebensstil gerecht wird. Es ist wichtig, dass Sie sich konkrete Ziele und Strategien setzen. Sie müssen den Betrag festlegen, den Sie bereit sind, in Zeit und Geld zu investieren. Sie müssen auch bereit sein, ein paar Dinge zu opfern, um Ihre langfristigen Ziele zu erreichen. Bevor wir uns mit den besten Ideen für passives Einkommen beschäftigen, die Sie ermutigen werden, sollten Sie einen Blick auf die folgenden Schritte werfen, um Ihre Reise zum passiven Einkommen zu beginnen.

1. Ein Nest bauen.

Erstellen Sie einen Investitionsplan, von dem Sie überzeugt sind, dass er erfolgreich sein wird; es ist wichtig, ein Vermögen zu schaffen... Das könnte Ihr erstes passives Einkommen sein! Sie können ein Sparkonto mit einem hohen Zinssatz für nur 100 Dollar eröffnen. Mit der Zeit werden alle Zinsen, die Sie auf dem Konto anhäufen, als passives Einkommen angerechnet, und Sie könnten sogar eine Geldprämie für die Eröffnung des Kontos erhalten.

2. Prüfen Sie Ihr Können.

Es hat keinen Sinn, wenn Sie Ihre Bilder an Bildverlage verkaufen wollen, wenn Sie kein scharfes Foto machen können, das Sie rettet! Ebenso erfordern einige Ideen für ein passives Einkommen, wie z. B. Schreibkurse, bestimmte Fähigkeiten und Qualifikationen. Wenn Sie diese erfüllen können, ist das großartig! Wenn nicht, überlegen Sie, ob Sie glauben, dass diese Qualifikationen den Aufwand wert sind.

Bei der Beurteilung Ihrer Fähigkeiten sollten Sie sich jedoch nicht nur auf die Dinge konzentrieren, die Sie nicht beherrschen. Es ist auch wichtig, offen zu sein für die Bereiche, in denen Sie sich auszeichnen. Wenn Sie zum Beispiel Börsenmakler sind, können Sie vielleicht für

Finanzmagazine schreiben? Wenn Sie Fitnesstrainer sind, können Sie vielleicht Fitnessvideos erstellen, die die Leute kaufen und zu Hause ansehen können? Seien Sie realistisch, was Ihre Talente angeht, und überlegen Sie, wie Sie sie einsetzen können, um anderen zu helfen, ohne körperlich anwesend zu sein oder den ganzen Tag zu arbeiten.

3. Seien Sie ehrlich in Bezug auf Ihre Zeit, Ihr Geld und Ihren Einsatz sowie auf andere Verpflichtungen.

Wir haben bereits erwähnt, dass der Zweck des passiven Einkommens zwar darin besteht, abends Geld zu verdienen, dass es aber nicht möglich ist, ein Geschäft ohne Anstrengung aufzubauen. In Wirklichkeit werden Sie vielleicht feststellen, dass der Aufbau eines passiven Einkommensstroms viel mehr Zeit und Mühe erfordert als ein normaler Nebenerwerb, um in Gang zu kommen. Bevor Sie ein Unternehmen gründen, sollten Sie realistisch über die anderen Verpflichtungen nachdenken, die Sie haben. Wenn Sie eine Vollzeitbeschäftigung, Kinder oder Mitglieder Ihres sozialen Umfelds unter einen Hut bringen müssen, haben Sie möglicherweise keine Zeit, ein lukratives Geschäft aufzubauen. In diesem Fall sollten Sie darüber nachdenken, in das Unternehmen zu investieren oder jemanden zu beauftragen, Ihnen bei der schwierigen Arbeit zu helfen.

4. Überlege dir deine Träume.

Steve Jobs sagte einmal: "Ihre Arbeit wird einen großen Teil Ihrer Zeit in Anspruch nehmen, und Sie können nur dann zufrieden sein, wenn Sie das tun, was Sie für gute Arbeit halten. Es ist wichtig, seinen Rat zu beherzigen, wenn man sich für einen Job, einen Nebenjob oder eine Idee für passives Einkommen entscheidet. Wenn zumindest ein Element des Konzepts Sie nicht begeistert oder inspiriert, wird die Idee wahrscheinlich nicht erfolgreich sein. Daher sollten Sie nach etwas suchen, das Sie sich langfristig vorstellen können. Selbst wenn Sie sich zurückziehen können und das Unternehmen sich um sich selbst kümmert, müssen Sie sich gelegentlich beteiligen, und deshalb sollten Sie etwas wählen, das Ihnen Spaß macht.

5. Finden Sie den Schnittpunkt.

Nachdem Sie festgestellt haben, was Sie gut können und wo Ihre Schwächen liegen, die Einschränkungen abgewogen und darüber nachgedacht haben, was Sie tun möchten, um zufrieden zu sein, sollten Sie bereits einige Vorschläge im Kopf haben, wie Sie ein passives Einkommen erzielen können. Sie werden sicherlich innerhalb weniger Minuten finanzielle Unabhängigkeit erreichen!

Passive Einkommensmethoden, die Ihnen helfen, wohlhabend zu werden.

Passives Einkommen mag komplex klingen, ist aber ziemlich einfach. Es gibt so viele Möglichkeiten, bis 2021 ein passives Einkommen zu erzielen, dass Sie die richtige Lösung finden werden, die sowohl Ihren Bedürfnissen als auch Ihren Zielen, Verpflichtungen und Interessen entspricht. Um Sie zu motivieren und Ihnen zu helfen, finanzielle Unabhängigkeit zu erreichen, sind hier einige der effektivsten passiven Einkommensoptionen, von denen fast jeder profitieren kann.

1. In Immobilien investieren.

Die Investition in Immobilien ist eine bewährte Methode zum Aufbau von Wohlstand, und zwar fast so lange, wie es Immobilien gibt! Investitionen in Immobilien waren ein einschüchterndes Unterfangen und erforderten viel Zeit, Mühe und Wissen. Die Investition in Immobilienanwendungen hat jedoch viele Probleme beseitigt und es zugänglicher und messbarer gemacht, ein Immobilienmogul zu werden, und das bequem von zu Hause aus. Wenn Sie ein Haus kaufen wollen, aber es ist teuer, ist es möglich, eine Investmentgesellschaft in Immobilien, auch bekannt als REIT, zu erwerben. Diese zahlen in der Regel hohe Dividenden und orientieren sich an der Entwicklung des Marktes. Auf diese Weise schwankt der Wert Ihrer Investition ebenso wie der von Immobilien. Sie sind jedoch viel einfacher zu verkaufen oder zu kaufen und können dazu beitragen, Ihr Portfolio durch Investitionen in verschiedene Märkte zu erweitern.

2. Finden Sie ein hochverzinsliches Sparkonto.

Die Idee, Ihr Geld auf Sparkonten mit hohen Renditen anzulegen, war vielleicht nicht das, was Sie im Sinn hatten, als wir sagten, diese Liste sei voll von Optionen für passives Einkommen. Viele Hochzinskonten bieten einen effektiven Jahreszins von nur 0,50 Prozent, ohne dass ein Mindestguthaben für die Eröffnung erforderlich ist, und einige bieten eine anfängliche Bargeldprämie für die Eröffnung des Kontos. Sie müssen das meiste Geld auf Ihr Konto einzahlen, um eine nennenswerte Rendite zu erzielen, aber es ist eine Option, die eine Überlegung wert ist.

3. In Dividendenwerte investieren.

Wir haben bereits erwähnt, dass wir die Anlage von Wertsteigerungen nicht als passive Einkommensquelle betrachten. Wenn Sie sich entscheiden, in Aktien zu investieren, die den Aktionären hohe Dividenden bieten, können Sie mit Ihrer Anlage erhebliche Gewinne erzielen. Der Kurs der von Ihnen gehaltenen Aktien wird während Ihres Besitzes steigen, was bedeutet, dass Sie die Möglichkeit haben, nach Ihrer Entscheidung zum Verkauf ein stetiges Einkommen aus Dividenden und Kapitalgewinnen zu erzielen. Wenn Sie kein Experte auf dem Aktienmarkt sind, sollten Sie vielleicht über einen Broker oder vielleicht über Robo-Advisors nachdenken, um ein System zu entwickeln, das nicht auf Investitionen basiert. Denken Sie daran, dass Investitionen mit einem hohen Risiko verbunden sind und Sie mehr verlieren können als Sie investiert haben. Lassen Sie sich immer beraten, bevor Sie Ihr Anlageportfolio starten.

4. Kaufen oder erstellen Sie einen Blog.

Eine Möglichkeit, in kurzer Zeit Geld zu verdienen, besteht darin, einen Blog zu starten. Natürlich erfordert dies Zeit und Mühe, da Sie regelmäßig in Ihrem Blog schreiben und ein Publikum aufbauen müssen. Allerdings können Sie durch Affiliate-Marketing oder den Verkauf von Werbeflächen in Ihrem Blog unglaublich viel Geld verdienen. Wenn Sie unsicher sind, wie Sie einen Online-Blog beginnen sollen, können Sie auch Geld verdienen, indem Sie einen bereits bestehenden Blog kaufen. Das ist eine fantastische "Mogelpackung", denn Sie erhalten einen Geldfluss und bereits etablierte Besucher.

5. Partnerschaftsmarketing.

Das Marketing über Partner umfasst die Partnerschaft mit einem Unternehmen, um die Produkte und Dienstleistungen des Unternehmens hervorzuheben und zu fördern. Nutzen Sie Ihre Partnerschaften im Affiliate-Marketing, um Einnahmen aus passiven Quellen zu generieren. Es ist möglich, die Sponsoren in Ihren Podcast- oder YouTube-Kanälen vorzustellen, Kaufanleitungen mit Links zu den Produkten des Unternehmens zu erstellen oder Produktrezensionen sowie Video-Unboxings und mehr zusammenzustellen. Um herauszufinden, welches Unternehmen am besten als Partner geeignet ist, müssen Sie recherchieren und die richtige Marke finden, die mit Ihren Werten und den Anforderungen der Leser übereinstimmt. Es macht keinen Sinn, Partner von Metzgereien zu sein, wenn Ihr Blog in erster Linie von Veganern gelesen wird, zum Beispiel.

6. **Machen Sie sich zu einem stillen Geschäftspartner.**

Wenn Sie ein Unternehmen gründen wollen, aber nicht die Zeit oder das Know-how dafür aufbringen können, ist es vielleicht eine gute Idee, über eine stille Beteiligung nachzudenken. Das bedeutet, dass Sie Geld in das Unternehmen einbringen, aber das Tagesgeschäft Ihrem Geschäftspartner überlassen. Nach der Investition wird Ihnen jeden Monat ein Teil des Gewinns zurückgezahlt, und Ihre Investition wird durch einen Anteil am Unternehmen geschützt. Sie glauben nicht an die Geschäftsidee Ihres zwielichtigen Freundes, um in sie zu investieren? Viele Unternehmer suchen einen unauffälligen Unternehmenspartner, der sie bei ihrem Vorhaben unterstützen kann.

7. **Ein eBook schreiben.**

Das Schreiben von Blogs und deren anschließende Vermarktung ist eine großartige Option für ein passives Einkommen; das Schreiben von Büchern oder Ebooks ist eine bessere passive Einkommensquelle, da Sie es nur einmal tun müssen! Anstatt einen Blog zu schreiben, können Sie Ihre Zeit damit verbringen, Ihre Leidenschaft oder Ihr Fachwissen weiterzugeben, indem Sie ein Buch oder eBook schreiben und es verkaufen. Jedes Mal, wenn jemand ein ebook kauft, erhalten Sie die Tantiemen. Diese können schnell wachsen, wenn Sie die richtige Zielgruppe erreichen. Die Tantiemen liegen in der Regel zwischen 5 und 10 % des Preises. eBooks sind ebenfalls profitabler und bringen etwa 25 % ein. Bei ihnen liegen die Tantiemen in der Regel zwischen 10 und 15 %. Natürlich müssen Sie ein exzellentes Buch schreiben, um ein nachhaltiges Einkommen mit Ihrer Arbeit zu erzielen. Aber schon ein paar Verkäufe können Ihnen helfen, das nötige Geld für die bevorstehenden Feiertage zu verdienen oder Ihren Rentenplänen näher zu kommen.

8. Entwurf eines Online-Kurses.

Wie beim Schreiben eines Buches ist die Erstellung eines Online-Kurses, den Kunden wiederholt kaufen können, eine fantastische Möglichkeit, ein passives Einkommen zu erzielen. Sicherlich wird die Erstellung des Systems Zeit, Energie und Erfahrung erfordern, aber sobald der Kurs fertig ist, können Sie ihn online stellen und jedes Mal Geld verdienen, wenn jemand etwas kauft. Heutzutage gibt es fast keine Beschränkungen mehr für das Studium von Themen mit einem Online-Kurs. Personal Trainer könnten Videos zum Thema Fitness entwickeln. Köche könnten einen Online-Kochkurs erstellen; Buchhalter könnten anderen beim Erlernen der Buchführung helfen. Im Grunde können Sie, wenn Sie über Fachwissen oder eine Spezialisierung verfügen, einen Online-Kurs erstellen und damit Geld verdienen. Allerdings müssen Sie möglicherweise Ihre Qualifikationen und Erfahrungen nachweisen, um einen Online-Kurs zu entwickeln, mit dem Sie Geld verdienen können. Aber auch ohne formale Qualifikationen können Sie mit einem YouTube-Kanal Geld verdienen... Jeder genießt den Nervenkitzel eines Life-Hacks!

9. Musik, die Sie lizenzieren.

Sie können Ihre Musik schreiben und lizenzieren, um Geld für Musiker zu verdienen, wenn jemand Ihre Musik in seinen Projekten verwenden möchte. In vielerlei Hinsicht kann die Lizenzierung deiner Musik dir Geld einbringen und ist eine ausgezeichnete Möglichkeit, ein zusätzliches Einkommen zu erzielen, wenn du mit Live-Auftritten kein Geld verdienen kannst (oder du nicht die Möglichkeit haben willst, live zu spielen).

10. Verkaufen Sie Fotos von Aktien.

Angenommen, Sie haben Ihre Kamera immer dabei und sind dafür bekannt, dass Sie tolle Fotos machen. In diesem Fall können Sie mit Ihrer Liebe zur Fotografie Geld verdienen, indem Sie Ihre Fotos an Fotofirmen verkaufen. Wenn Sie Ihr Bild auf einer externen Website verkaufen, erhalten Sie einen Prozentsatz des Gewinns. Die besten Unternehmen, an die Sie Ihre Bilder verkaufen können, sind die bekanntesten (da sie die größte Anzahl potenzieller Kunden haben, die Ihre Bilder ansehen, bewundern und kaufen könnten). Denken Sie an Adobe Stock, Shutterstock, Alamy, usw. Selbst wenn Sie nur ein iPhone besitzen, kaufen viele Bildanbieter hochwertige Bilder, die mit dem Telefon aufgenommen wurden. Es ist also keine ausgefallene Ausrüstung nötig, um ein passives Einkommen zu erzielen.

11. Eine App erstellen.

Anstatt Ihr neues IT-Wissen stundenweise auszulagern, können Sie Ihre IT-Kenntnisse in ein passives Einkommensgeschäft verwandeln, indem Sie eine App erstellen, die Spieler herunterladen können. Sie muss nicht innovativ sein oder Geld für den Download kosten, um Einkommen zu erzielen... Angry Bird ist eine App, die kostenlos für Smartphones heruntergeladen werden kann. Das Spiel, das 2009 auf den Markt kam, hat bis 2020 rund 272,3 Millionen Euro eingebracht! Auch wenn Sie kein Technikexperte sind, können Sie mit der Erstellung einer Anwendung Geld verdienen. Sie können einige grundlegende Programmierkenntnisse erlernen (was ziemlich spannend und nützlich ist) und sogar jemanden finden, der die notwendigen Fähigkeiten hat, um Partnerschaften zu bilden und die Gewinne zu teilen. Ja, es gibt mehr Geld zu verdienen, wenn du alleine arbeitest, aber wenn du eine Idee für das zukünftige Fruit Ninja entwickelst, könntest du bereit sein, sie zu teilen!

12. Machen Sie sich zum Influencer in den sozialen Medien.

Wussten Sie, dass Sie Geld verdienen können, indem Sie einfach eine solide Online-Präsenz haben? Wir alle haben in der Vergangenheit schon von Social Media Influencern gehört... Für jeden, der in einer Höhle lebt, haben Social Media Influencer eine große Anzahl von Anhängern und ein hohes Engagement, die einen Prozentsatz für gesponserte Beiträge und Affiliate-Marketing erhalten. Sie können auch Geld verdienen, indem sie Veranstaltungen ausrichten oder an ihnen teilnehmen. Natürlich erreicht man die Aufmerksamkeit, die man braucht, um eine einflussreiche Person in den sozialen Medien zu werden, nicht über Nacht. Sie müssen sich für Ihre Social-Media-Strategien engagieren und ein Portfolio erstellen, das den Grad des Engagements Ihrer Fans zeigt und das Sie Unternehmen zeigen können, die an einer Zusammenarbeit mit Ihnen interessiert sind.

13. Sie können ein Auto mieten.

Wenn Ihr Auto in der Einfahrt steht, könnten Sie Geld verdienen, indem Sie es an andere verleihen, auch wenn Sie es nicht benutzen. Je nachdem, wo du wohnst und welches Modell dein Auto hat, kannst du mit dieser Idee eine Menge Geld verdienen. Falls der Gedanke, Ihr Fahrzeug zu vermieten, attraktiv klingt, sollten Sie sich Turo ansehen. Stellen Sie sich das als Airbnb für Autos vor. Je nachdem, wo Du wohnst, kannst Du durch die Vermietung Deiner Garage oder Einfahrt auch einiges an Geld verdienen.

Großstädte sind besonders lukrativ, da Parkplätze teuer sind und die Kunden einen Aufpreis für einen sicheren Parkplatz zahlen, um ihr Fahrzeug abzustellen.

14. Airbnb.

Natürlich ist eine Liste passiver Einkommensoptionen nicht vollständig, ohne das weltbekannte Airbnb, die Website für Wohngemeinschaften, zu erwähnen! Es ist zwar nicht immer eine gute Lösung, aber wenn Sie ein freies Schlafzimmer, ein Ferienhaus oder eine andere Art von Wohnung haben, entgehen Ihnen möglicherweise beträchtliche Renditen! Airbnb ist nicht die einzige Möglichkeit, ein Zimmer zu vermieten. Sie müssen sich also nach der richtigen Plattform umsehen, die Ihren Bedürfnissen entspricht.

15. Inserieren Sie in Ihrem Auto zum Verkauf.

Wenn Sie häufig mit dem Auto zur Arbeit oder in der Freizeit unterwegs sind, können Sie vielleicht mit dem Verkauf von Werbeflächen an den Seiten Ihres Lieferwagens, Autos oder Lastwagens Geld verdienen. Es sieht zwar nicht gerade schick aus, eine elektronische

Werbetafel unterwegs zu haben, aber Sie könnten einige hundert Dollar pro Monat verdienen, wenn Sie Ihr Auto mit Aufklebern versehen und es für den täglichen Gebrauch nutzen. Drei große Websites können mit Marken in Verbindung treten, die Werbeflächen kaufen möchten. Diese sind:

- Autowerbung
- Wrapify
- Vugo.

16. Werbefläche zum Verkauf auf Ihrer Website.

Wenn Sie nicht mit einer riesigen Werbetafel an der Seite Ihres Autos herumfahren wollen, ist es möglich, durch den Verkauf von Anzeigen auf Ihrer Website ein angemessenes und passives Einkommen zu erzielen. Viele Blogs nutzen Google Ads-Anzeigen, um ihre Website mit Werbetreibenden zu verbinden und jeden Monat einen Einkommensstrom zu generieren. Wie viel Geld Sie mit Google Ads auf Ihrer Website verdienen können, hängt von der Menge der Besucher ab, die Sie erhalten. Wenn Ihre Website keine Einnahmen durch den Verkauf von Anzeigen generieren kann, können Sie darüber nachdenken, eine bestehende Website zu kaufen (siehe Idee Nr. 4) und dort Werbeflächen zu verkaufen.

17. Teilnahme an Schlafforschungsstudien.

Konkreter kann Geld verdienen im Schlaf nicht sein! Wenn Sie gesund und fit sind, können Sie sich für die Teilnahme an einer Schlafstudie bewerben und Ihren Schlummer zur Arbeit nutzen. Schlafstudien können für geeignete Personen Tausende von Dollar einbringen... Sie müssen lediglich Ihre körperliche und geistige Gesundheit untersuchen lassen, um sicherzugehen, dass Sie bereit sind, den Job zu machen... Und dann können Sie schlafen gehen! Aber Vorsicht... Bei vielen Schlafforschungsstudien müssen Sie von den sozialen Medien und Ihren Verwandten abgeschnitten sein, damit Sie während der gesamten Untersuchung beobachtet und untersucht werden können. Aber die beträchtliche Belohnung, die Sie dafür erhalten, ist es wahrscheinlich wert.

18. Werden Sie Dropshipper.

Dropshipping ist eine hervorragende Methode, um sich mit einem Online-Shop zu etablieren und mit wenig Aufwand Geld zu verdienen. Wählen Sie die Produkte aus, die Sie anbieten möchten, und ein Lieferant kann die Artikel verpacken, lagern und dann direkt an die Kunden versenden. Sie müssen sich nur noch um das Ladengeschäft und das Marketing kümmern.

19. T-Shirts gestalten.

Bestimmte Websites können Ihre Entwürfe in trendige T-Shirts oder andere Artikel verwandeln. Das Geschäftsmodell besteht darin, dass Sie nur die Pläne für die Ware entwerfen müssen, und das Unternehmen kümmert sich um den Rest, so dass Sie jedes Mal, wenn Ihre Entwürfe verkauft werden, einen Teil des Erlöses erhalten! Sie können Ihr Designtalent auch über Amazon zu Geld machen... Über Amazon Merch müssen Sie nur Ihr Design hochladen, und Amazon erstellt das Produkt für den Verkauf, verpackt es, vermarktet es und versendet es dann. Sie können sich entspannen und die Früchte Ihrer Arbeit ernten.

20. Nutzen Sie Cashback-Websites oder Bonuskarten.

Wenn Sie noch keine Cashback-Websites, Cashback-Karten und -Programme nutzen, was müssen Sie dann tun? Viele Kreditkartenunternehmen bieten ein Cashback-Programm an, bei dem Sie für die Nutzung der Karte eine Prämie auf die Kosten Ihrer täglichen Einkäufe erhalten. Sie können sich auch bei Cashback-Websites wie TopCashBack anmelden. Schließen Sie einfach Ihre regelmäßigen Einkäufe auf der Website ab, und schon haben Sie Anspruch auf Cashback. Damit werden Sie zwar nicht reich, aber es ist eine hervorragende Methode, um

Ihre Ausgaben zu senken und Geld für Einkäufe zu verdienen, die Sie ohnehin getätigt hätten.

21. Peer-to-Peer-Kredite ausprobieren.

Bei der Peer-to-Peer-Kreditvergabe können Sie Geld an Personen verleihen, die für herkömmliche Kredite nicht in Frage kommen. Wie Banken können Sie Zinsen auf die geliehenen Mittel erheben, bis diese unvollständig zurückgezahlt sind. Wie bei jeder Investition muss man auch bei P2P-Krediten die Möglichkeiten abwägen. Sie sind riskant, da Sie dem Kreditnehmer nicht versichern können, dass er Ihnen das Geld zurückzahlen wird. Achten Sie deshalb darauf, dass Sie nur über zugelassene, professionelle P2P-Kreditvergabeseiten Kredite vergeben. Nehmen Sie nie einen Kredit auf, der höher ist, als Sie es sich leisten können, zu verlieren.

22. Ein Unternehmen für Verkaufsautomaten gründen.

Diese Idee eines passiven Einkommens mag zunächst seltsam klingen, aber hören Sie uns an! Das Automatengeschäft ist eine sehr profitable und wartungsarme kleine Geschäftsmöglichkeit, an der sich fast jeder beteiligen kann. Kaufen Sie einfach einige Automaten und vermieten Sie sie an lokale Unternehmen. Danach gehen Sie alle paar Wochen hin und her, um den Bestand aufzufüllen und das Geld abzuholen. Sie können sogar jemanden einstellen, der sich um das Auffüllen und die Abrechnung kümmert. Es ist viel einfacher als das!

23. Einen YouTube-Kanal oder Podcast erstellen.

Was würden wir tun, wenn wir YouTube nicht einmal als eine Möglichkeit zur Erzielung passiver Einkünfte erwähnen würden? Es kann einige Zeit dauern, bis man viele Zuschauer hat, um mit einem YouTube-Kanal Geld zu verdienen. Sie können durch Werbung und Affiliate-Marketing-Partnerschaften ein beträchtliches Einkommen erzielen. Der Betrag, den Sie mit YouTube verdienen, kann je nach der Anzahl der Abonnenten und der Engagement-Raten, der durchschnittlichen Zuschauerzahl usw. variieren. YouTuber verdienen zwischen $0,01 und $0,03 pro Ansicht in Form von Werbung. Viele YouTuber verdienen auch Geld durch Spenden über Patron. Wenn YouTube nichts für Sie ist, können Sie mit dem Podcast Geld verdienen, indem Sie kostenpflichtige Mitgliedschaftsstufen anbieten, Sponsoring verkaufen oder einem Werbenetzwerk beitreten, das Episoden mit Premium-Inhalten verkauft.

24. Eine Immobilie mieten.

Vermietete Immobilien sind die ersten passiven Einkommensquellen und stellen auch heute noch einen wertvollen Vermögenswert dar. Um Ihr Mietobjekt wirklich passiv zu machen, können Sie den täglichen Betrieb und die Instandhaltung an eine Verwaltungsfirma delegieren... Sie müssen also nur noch Ihre Hypothek abschließen und können dann den Cashflow genießen! Sie können auch schlüsselfertige Immobilien erwerben, die es Ihnen ermöglichen, die Mietersuche und die Renovierungsarbeiten zu vermeiden, die die meisten Vermieter durchführen müssen, bevor sie Mieteinnahmen erzielen. Bei schlüsselfertigen Immobilien können Sie eine Immobilie erwerben, in der bereits Mieter wohnen. Sie müssen also nur noch dafür sorgen, dass das Gebäude in einem guten Zustand ist, um die Mieter zufrieden zu stellen. Sie können auch eine Verwaltungsfirma beauftragen, sich darum zu kümmern.

25. Refinanzieren Sie Ihre Hypothek.

Das ist vielleicht kein effektiver Weg, um Geld zu verdienen. Allerdings können Sie auf diese Weise Tausende von Dollar einsparen, wenn Sie mehr zahlen als die Hypothek, die Sie bezahlen. Durch eine Refinanzierung können Hauseigentümer niedrigere Zinssätze für ihre Hypothek erhalten. Dies führt in der Regel zu einer niedrigeren monatlichen Hypothekenzahlung. Wenn Sie keine Hypothek haben, sollten Sie alle anderen Kredite refinanzieren, um sicherzustellen, dass Sie nicht mit Ihrem verdienten (oder unproduktiven) Einkommen mehr als die Kreditkosten bezahlen.

26. Retten Sie die Besitztümer anderer.

Haben Sie in Ihrer Garage oder Ihrem Zimmer ein freies Zimmer, das Sie niemandem überlassen wollen? Sie können Geld verdienen, indem Sie anderen Leuten Ihren Raum zur Aufbewahrung ihrer Sachen überlassen. Laut neighbor.com besteht die Möglichkeit, durch die Vermietung Ihrer leeren Garage zwischen 100 und 600 Dollar zu verdienen. Wenn Sie an diesem Konzept interessiert sind, aber nicht die Sachen anderer Leute in Ihrem Haus unterbringen möchten, ist die Investition in Lagerräume oder die Vermietung eine weitere hervorragende Möglichkeit, mit wenig Aufwand Geld zu verdienen. Das einzige Mal, dass Sie als Lagerverwalter arbeiten müssen, ist, wenn Sie eine Lagereinheit öffnen müssen.

27. Verdiene Geld für das Herunterladen von Apps auf dein Smartphone.

Du hast richtig gelesen... Sie könnten tatsächlich dafür bezahlt werden, dass Sie Apps auf Ihr Smartphone herunterladen! Apps wie Nielsen Digital und Mobile Digital versuchen zu verstehen, wie die Nutzer ihre Mobilgeräte verwenden, und stellen jedem, der die Überwachung seiner Nutzer zulässt, Gebühren in Rechnung. Sie müssen die App herunterladen und Ihr Telefon wie gewohnt benutzen. Die App verfolgt Ihre Nutzung und sendet Berichte zur Untersuchung der Nutzungsmuster. Wenn Sie nicht an einer App interessiert sind, die Ihren Verbrauch verfolgt, können Sie auch eine App zum Sparen herunterladen, die Ihre Ausgabengewohnheiten verfolgt und Ihnen hilft, kluge Entscheidungen zu treffen. Diese Apps machen sich vielleicht nicht von selbst bezahlt, aber die Ersparnisse können sich schnell ansammeln und Ihnen das Gefühl geben, dass Sie einen Gewinn gemacht haben!

Legen Sie Ihr Einkommen aus passiven Quellen in.

Wenn Sie die ideale passive Einkommensmöglichkeit gefunden haben, die Ihren Bedürfnissen, Ihrem Lebensstil und Ihren Interessen entspricht, ist es wichtig, dass Sie Ihr Geld nicht ungenutzt liegen lassen. Sie müssen sicherstellen, dass jeder Cent einen Unterschied macht, indem Sie die Einnahmen auf eine zinsbringende Bank legen und sie für Sie arbeiten lassen, unabhängig davon, was Sie gerade tun. Es ist auch von Vorteil, das Geld, das Sie verdienen, passiv in das Unternehmen zu reinvestieren. So können Sie zum Beispiel zusätzliche Verkaufsautomaten oder eine Lagereinheit kaufen, um Ihre passiven Einkommensmöglichkeiten zu erweitern und Ihre Kapitalanlage zu erhöhen. Für welche Methode Sie sich auch entscheiden, um mehr Geld zu verdienen, stellen Sie sicher, dass sie zu Ihrem Lebensstil passt, und scheuen Sie sich nicht, mit verschiedenen Möglichkeiten zu experimentieren. Es gibt keine Grenzen für die Höhe des Einkommens, das eine Person erzielen kann, also mischen Sie die Dinge und ernten Sie die Früchte. Innerhalb weniger Minuten werden Sie Mimosen am Strand trinken

Kapitel no.4

Passive Einkommensinvestitionen.

In Bezug auf Finanzen beschreibt passives Einkommen Geld, das eine einmalige Investition kontinuierlich generiert, ohne dass der Anleger sein Portfolio im Auge behalten oder verändern muss. Diese passive Anlagestrategie sollte im Folgenden untersucht werden.

1. Immobilien.

Trotz der Schwankungen der letzten Zeit sind Immobilien nach wie vor die bevorzugte Option für Investoren, die langfristig Gewinne erzielen wollen. Vor allem Mietimmobilien bieten Wohnungseigentümern regelmäßige Einnahmequellen. Investoren können die Immobilie mit einer 20-prozentigen Anzahlung kaufen und dann solide Mieter einsetzen, die den Geldfluss aufrechterhalten. Wer sich nicht um die Verwaltung von Mietobjekten kümmern möchte, kann stattdessen REITs (REITs) in Betracht ziehen. REITs schütten 90 Prozent des steuerlich absetzbaren Einkommens in Form von Dividenden an die Anleger aus. 1 Auf der anderen Seite werden Trinkgelder als gewöhnliches Einkommen betrachtet, was für Anleger, die in steuerlich begünstigtere Schichten fallen, schwierig sein kann. Immobilien-Crowdfunding ist eine Möglichkeit, einen Mittelweg zu finden. Die Anleger können zwischen der Möglichkeit einer Fremd- oder Eigenkapitalinvestition in Wohn- und Gewerbeimmobilien wählen. Im Gegensatz zu REITs und Crowdfunding, die eine Form des Crowdfunding sind, ermöglicht Crowdfunding den Anlegern, die steuerlichen Vorteile des direkten Eigentums zu nutzen, einschließlich der steuerlichen Vorteile des Abschreibungsabzugs, aber ohne die Belastungen, die mit dem Besitz einer Immobilie verbunden sind.

2. Peer-to-Peer-Kreditvergabe.

Es stimmt zwar, dass die Peer-to-Peer-Lending (P2P)-Branche (auch bekannt als Crowdfunding) erst 10 Jahre alt ist und ein exponentielles Wachstum erlebt hat, aber sie ist definiert als die Vergabe von Krediten an Einzelpersonen oder Unternehmen, bei denen die Kreditgeber und Kunden über Online-Plattformen wie Prosper oder LendingClub miteinander verbunden sind. Die Renditen können zwischen 7 % und 12 % liegen, und der Anleger muss nach der Finanzierung des Kredits nicht viel erledigen. P2P-bezogene Programme haben in der Regel weniger Einstiegshürden als andere Arten von Investitionen. So können Anleger zum Beispiel schon mit einem Kapital von 25 Dollar Kredite vergeben. Darüber hinaus erlaubt Titel III des Jumpstart Our Business Startups (JOBS)-Gesetzes Anlegern, sowohl akkreditierten als auch nicht akkreditierten Anlegern, über Crowdfunding zu investieren; jede Plattform hat ihre eigenen Regeln für die Teilnahme.

3. Dividendentitel.

Dividendenaktien sind eine der einfachsten Möglichkeiten für Anleger, passives Einkommen zu erzielen. Wenn börsennotierte Unternehmen Gewinne erzielen, wird ein bestimmter Prozentsatz dieser Gewinne abgezogen und als Dividende an die Anleger ausgeschüttet.

Die Anleger können wählen, ob sie das Geld behalten oder in weitere Aktien investieren wollen. Die Dividendenrenditen sind von Unternehmen zu Unternehmen sehr unterschiedlich und variieren von Jahr zu Jahr. Anleger, die sich nicht sicher sind, welche Dividendenaktien am besten sind, sollten sich für solche entscheiden, die das Prädikat "dividendenaristokratisch" erfüllen, was bedeutet, dass das Unternehmen im Durchschnitt mindestens 25 Jahre lang erhebliche Dividenden gezahlt hat.

4. Indexfonds.

Indexfonds können als börsengehandelte Fonds, Investmentfonds und andere an einen bestimmten Marktindex gebundene Fonds bezeichnet werden. Sie zielen darauf ab, die Wertentwicklung des Index nachzubilden. Der Index, den sie nachbilden, wird passiv gesteuert. Ihre Sicherheit ändert sich also nicht, solange sich die Zusammensetzung des Index nicht ändert. Dies führt zu geringeren Verwaltungskosten und niedrigeren Umschlagshäufigkeiten, wodurch die Anleger steuerlich günstiger gestellt werden als bei anderen Anlagen.

Die Quintessenz.

Passive Einkommensanlagen können das Leben eines Anlegers erheblich vereinfachen. Die vier oben aufgeführten Optionen bieten unterschiedliche Beträge in Bezug auf Diversifizierung und Risiko. Wie bei allen Investitionen ist es entscheidend, die erwarteten Erträge der passiven Einkommensmöglichkeiten gegen den potenziellen Verlust abzuwägen.

Kapitel no.5

Passives Einkommen ohne Geld schaffen.

Passives Einkommen scheint als der Heilige Gral der persönlichen Finanzen zu gelten. Was könnte lohnender sein, als ein Einkommen zu erzielen, ohne dass man seine Zeit gegen Geld eintauschen muss? Es gibt zwei Möglichkeiten, passives Einkommen zu erzielen - entweder man investiert Geld in die Erzielung dieses Einkommens oder man wendet Zeit und Mühe auf, um es zu schaffen. Aber gibt es eine Alternative? In gewisser Weise schon. Ich habe bereits früher über passives Einkommen geschrieben (unten finden Sie über 20 Ideen für passives Einkommen). Heute möchte ich jedoch eine andere Frage ansprechen, die häufig gestellt wird: Wie generiere ich passives Einkommen, auch wenn ich kein Einkommen habe?

Passives Einkommen ohne Geld?

Mit passivem Einkommen lässt sich auf zwei Arten Geld verdienen. Die zweite besteht darin, Ihr Geld für Sie arbeiten zu lassen. Dies kann durch Investitionen in Immobilien, Aktien oder Unternehmen erreicht werden. Ich bin im Moment sehr optimistisch, was Investitionen in Immobilien angeht, und Sie können schon mit einem winzigen Geldbetrag beginnen. Auf Plattformen wie RealtyMogul ist es möglich, mit nur 5.000 Dollar in Immobilien zu investieren. Die andere Möglichkeit, passives Einkommen zu erzielen, besteht darin, Ihre Zeit zu investieren. Sie könnten zum Beispiel ein Nebengewerbe gründen. Obwohl es sicherlich möglich ist, auch mit geringen oder gar keinen Investitionen passive Einkünfte zu erzielen, ist es sicherlich nicht einfach. Es erfordert einen enormen anfänglichen Arbeitsaufwand und keine Garantie. Wenn Sie daran interessiert sind, es auszuprobieren, erfahren Sie hier, wie Sie ein passives Einkommen erzielen können, ohne etwas auszugeben.

Ein Informationsprodukt erstellen.

Sie könnten ein Informationsprodukt erstellen und es online vermarkten. Es könnte ein Kurs, ein Buch oder sogar ein eBook sein.

Hier sind ein paar Beispiele:

Rosemaries Groner von Busy Budgeter verdiente im Januar über 58.000 Dollar durch den Verkauf von zwei kurzen Informationsleitfäden und einem Buch über persönliche Finanzen. (Beachten Sie, dass sie eine enorme Summe für Facebook-Werbung ausgegeben hat, um dieses Niveau zu erreichen, aber das ist für diejenigen, die gerade erst anfangen, nicht nötig). Das Informationsprodukt, das Sie erstellen, kann ein beliebiges Thema betreffen. Wenn Sie auf der Suche nach Ideen sind, gehen Sie zu Amazon und schauen Sie sich einige der meistverkauften Bücher an, um zu sehen, ob eines davon Ihrem Wissen entspricht. (Selbst wenn das nicht der Fall ist, heißt das nicht, dass es keinen Markt für Ihre Ideen gibt!)

Ein Kindle eBook schreiben.

Eine weitere Möglichkeit, ein passives Einkommen zu erzielen, die keine Kosten verursacht, besteht darin, ein ebook zu schreiben und es dann über das KDP-Programm auf Amazon zu verkaufen. KDP steht für Kindle Direct

Publishing und ist das Self-Publishing-Programm von Amazon. Auch wenn Sie Ihr Buch schreiben, sich für eine Kindle-Formatierung entscheiden und ein attraktives Cover entwickeln müssen, ist die Selbstveröffentlichung über Amazon kostenlos. Wenn Ihr eBook bei Amazon einen Preis zwischen $2,99 und $9,99 hat, erhalten Sie 70 % des Verkaufspreises pro Buch. Liegt der Preis Ihres Buches unter 2,99 $ oder über 9,99 $, können Sie nur 35 % der Tantiemen beanspruchen. Wenn Sie sich ein Beispiel aus dem wirklichen Leben ansehen möchten, erzählt Steve Gillman vom Penny Hoarder, wie der Autor mit einem Kindle-Ebook 2000 Dollar verdient hat. Er erklärt den Schreibprozess zusammen mit Marketingstrategien und anderen wichtigen Erkenntnissen.

Stockfotos verkaufen.

Wenn Sie als Fotograf freiberuflich tätig sind oder einfach gerne fotografieren und ein Händchen dafür haben, könnten Sie ein passives Einkommen erzielen, indem Sie Ihre Fotos online verkaufen. Verschiedene Websites haben ihre eigenen Richtlinien und Gebühren für Provisionen. Es gibt jedoch mehrere Websites, an die Sie Fotos senden können. Das Beste am Kauf von Stockfotos ist, dass jedes Bild von zahlreichen Personen gekauft werden kann. Hier finden Sie 13 Möglichkeiten, wie Sie Ihre Stockfotos vermarkten können, sowie Provisionssätze und vieles mehr.

Erwägen Sie Multi-Level-Marketing.

Multi-Level-Marketing könnte den Leuten einen negativen Beigeschmack geben, und das ist mir bewusst. In Wirklichkeit gibt es nichts Frustrierenderes, als auf Facebook zu gehen und zu sehen, wie mehr als ein Dutzend Leute versuchen, das MLM-Produkt zu vermarkten. Ich habe es verstanden. Aber es ist wichtig, sich daran zu erinnern, dass nicht jedes MLM auf die eigene Art und Weise betrieben werden muss. Wenn Sie ein Produkt oder eine Dienstleistung finden, das bzw. die Ihnen hilft, und es bzw. sie anderen empfehlen, haben Sie eine gute Chance, Arbeit im MLM zu bekommen. Hüten Sie sich vor MLM-Unternehmen, die sich stark auf die Rekrutierung konzentrieren oder Sie auffordern, immer größere Mengen ihrer Produkte zu kaufen. MLM kann funktionieren, es kann aber auch erfolglos sein.

Verkaufen Sie Ihre Notizen.

Sind Sie ein Student? Wenn die Antwort "Ja" lautet und Sie zufällig ein hervorragender Mitschreiber sind, könnten Sie Ihre Notizen aus dem Unterricht verkaufen, um ein Einkommen zu erzielen. Die besten Mitschreiber haben schon bis zu 2300 Dollar pro Semester verdient. Einzelheiten finden Sie auf dieser Website.

Verdienen Sie für die Dinge, die Sie bereits tun würden.

Wenn Sie auf der Suche nach einfachen Möglichkeiten sind, Geld zu verdienen, die nicht so viel Engagement erfordern wie die anderen Punkte auf dieser Liste, sollten Sie darüber nachdenken, Geld für Dinge zu verdienen, die Sie bereits tun. Nutzen Sie Ebates, wenn Sie online einkaufen.

Cashback in Anspruch nehmen.

Wenn Sie online suchen, nutzen Sie Swagbucks, um zusätzliches Geld zu verdienen. Obwohl diese Strategien Ihnen nicht jeden Monat Tausende von Dollar einbringen werden, können sie einen Unterschied machen und sind einfach zu befolgen. Es ist keine Überraschung, dass passives Einkommen fantastisch ist, aber was muss man tun, um es zu erzielen? Zu lernen, wie man als kreativer Mensch passives Einkommen erzielt, ist ein hervorragender Ansatz, um über Wohlstand nachzudenken und reich zu werden. Es ist auch eine fantastische Methode, um sich vor finanziellem Stress zu schützen. Passives Einkommen setzt voraus, dass Sie anfangs Arbeit investieren und dann im Laufe der Zeit Einkommen erzielen. Stellen Sie sich das wie die Vorbereitung einer Mahlzeit vor. Sie bereiten alles vor, bevor Sie hungrig werden; Sie sind bereit zu essen. Wäre es jedoch einfach, passives Einkommen zu erzielen, würde es jeder tun. Es ist wichtig zu verstehen, dass ein aktives Einkommen erhebliche Auswirkungen haben wird. Die Vorteile des passiven Einkommens können anfangs positiv sein, werden aber mit der Zeit immer wichtiger. Schauen wir uns in diesem Zusammenhang die beliebtesten Möglichkeiten an, passives Einkommen zu erzielen!

Wie verdienen Sie ein Einkommen, das nicht von Ihrer Kreativität abhängt?

Um als kreativer Mensch ein Einkommen aus passiven Quellen zu erzielen, muss man kreativ über den Tellerrand hinausschauen. Es ist wichtig, sich zu überlegen, wie Sie Ihre derzeitige Arbeit in etwas Nachhaltiges und Begehrtes für die nahe Zukunft verwandeln können. Beginnen Sie damit, herauszufinden, welche Art von kreativer Arbeit Sie leisten und wie diese anderen zugute kommen kann. Hier sind einige Ideen, wie Sie mit Ihrer Kreativität ein Einkommen erzielen können.

Partner-Links.

Affiliate-Links sind Hyperlinks, die den Nutzer zu einer Webseite weiterleiten, auf der er etwas kaufen kann, wenn er darauf klickt. Affiliate-Links sind eine hervorragende Möglichkeit, ein passives Einkommen zu erzielen, da sie Klickraten erzeugen, solange sie beliebt sind und das Programm zugänglich bleibt. Eines der überzeugendsten Beispiele ist Amazon, das für jeden gekauften Artikel einen kleinen Anteil erhält, wenn der Nutzer auf Ihren Link klickt. Viele Affiliate-Links sind "Cookies", was bedeutet, dass Sie nach einem einmaligen Klick auf den Link - unabhängig davon, ob sie jetzt kaufen - ein Einkommen erhalten, wenn sie zu einem späteren Zeitpunkt kaufen. Affiliate-Links können in einem Blog, in Tweets, in Videos oder überall, wo ein Affiliate-Link eingebettet werden kann, veröffentlicht werden! Sie sind oft die Hauptstütze in jedem passiven Einkommensplan.

YouTube-Inhalte.

YouTube ist eine hervorragende Möglichkeit, ein passives Einkommen zu erzielen. Der anfängliche Aufwand ist zwar viel größer, aber die Vorteile können im Laufe der Zeit enorm sein. Die Haupteinnahmequelle für passives

Einkommen ist die Aufteilung der Werbung. Jedes Mal, wenn eine Werbung über Ihre Kanäle geschaltet wird, erhalten Sie einen Teil des Gewinns. Dazu müssen Sie einige Aufgaben erfüllen. Zunächst einmal müssen Sie sich für das Monetarisierungsprogramm qualifizieren. Dazu sind 1000 Kanalnutzer und 4000 Minuten Sehdauer in 12 Monaten erforderlich. Auf der Suche nach Geldeinnahmen ist der von Ihnen erstellte Inhalt entscheidend. Erstellen Sie Inhalte, die in der Gegenwart und in der Zukunft immer relevant und wertvoll sind. Dabei kann es sich um Tipps, Anleitungen oder andere Bildungsinhalte handeln, die für die Nutzer immer von Interesse sein werden. Obwohl die Erträge im Laufe der Zeit sinken werden, werden Sie wahrscheinlich in Kürze weiterhin ein passives Einkommen erzielen.

Erstellen Sie einen Blog oder eine Website.

Wie bei YouTube ist die Einrichtung eines Blogs oder einer anderen Website, die Inhalte verwendet, ein hervorragendes Instrument, um mit Ihrer Kreativität passives Einkommen zu erzielen. Ein Blog oder eine Website könnte als Drehscheibe für alle Ihre Strategien für passives Einkommen dienen. Ihr Blog könnte vom ersten Tag an ein passives Einkommen durch Adsense erzielen. Adsense erlaubt es Google, Anzeigen zusammen mit dem Inhalt Ihres Blogs zu schalten. Der Betrag, den Sie verdienen, hängt von der Menge der Besucher ab, die Sie generieren. Sie können jedoch schon von Anfang an Geld verdienen. Um Besucher anzulocken, müssen Sie viele hochwertige, immer wiederkehrende Inhalte schreiben. Wenn Sie einmal damit begonnen haben, Inhalte zu erstellen, müssen Sie dies in absehbarer Zeit regelmäßig tun. Die Google-Suchergebnisse profitieren von Websites mit einem ständigen Fluss an neuen Inhalten. Dieser zusätzliche Aufwand kann jedoch auch für Ihre anderen Strategien für passives Einkommen von großem Nutzen sein. Wie bereits erwähnt, kann der Blog auf Ihrer Website Affiliate-Hyperlinks enthalten, YouTube-Videos einbetten, Waren verkaufen und vieles mehr! Er ist eines der wichtigsten Elemente für den Erfolg Ihrer Einnahmestrategie.

Verkaufen Sie Ihre Produkte.

Der Verkauf von Waren, wie z. B. Drucke, Kleidung und andere wertvolle Gegenstände, könnte eine großartige Quelle für passives Einkommen sein. Wenn Sie Dinge herstellen können, die potenziellen Käufern gefallen könnten, ohne dass sie Sie kennen, ist das sogar noch attraktiver! Heutzutage gibt es viele Möglichkeiten, Waren herzustellen und zu verkaufen. Das ist sowohl ein Segen als auch ein Übel. Auf der einen Seite ist es viel einfacher, Orte zu finden, an denen man exklusive Waren herstellen kann. Auf der anderen Seite gibt es aber auch viel

Konkurrenz. Merch könnte Teil einer effektiveren Strategie sein, die mit einem YouTube-Kanal oder einem Blog verknüpft ist und dazu beiträgt, einen passiven Einkommensstrom aufzubauen. Recherchieren Sie die verschiedenen Plattformen und Optionen, bevor Sie sich für die richtige entscheiden.

Etsy-Laden.

Die allgemeine Wahrnehmung von Etsy scheint sich in erster Linie auf den Verkauf von physischen Artikeln zu konzentrieren, aber in Wirklichkeit gibt es Unmengen von digitalen Waren. Als kreativer Mensch kann ich ein passives Einkommen erzielen. Die erfolgreichsten Umsetzungen sind digitale Anwendungen, die das Leben der Menschen vereinfachen. Beispiele dafür sind Dokumente, Berichtsblätter, Ablaufdiagramme und verschiedene andere Arbeitsbücher, die gestrafft sind. Denken Sie als Designer an Schritte, die Sie in regelmäßigen Abständen ausführen, und bieten Sie Ihre Erfahrungen anderen Menschen in Form eines elektronischen Produkts an.

Erstellen Sie ein Bildungsprogramm.

Fachwissen ist immer wertvoll für Menschen, die nicht auf dem gleichen Stand sind wie Sie. Eine praktische

Methode, um ein regelmäßiges Einkommen zu erzielen, besteht darin, Ihr Wissen als eine Form der Weiterbildung als Kreativprofi zu vermarkten. Das kann ein Online-Kurs sein oder eine Kombination aus Video und Text. Bildungsprodukte müssen nicht schick sein - Hauptsache, sie sind nützlich. Es gibt eine Vielzahl von Plattformen. Einige sind auf einen bestimmten Markt ausgerichtet, während andere allgemeine Bildungsprogramme anbieten. Heutzutage können Dinge, die Sie für selbstverständlich halten, für jemanden, der gerade erst anfängt, neue Erkenntnisse sein!

Kapitel no.6

Beste Apps für passives Einkommen.

Obwohl eine passive Cashflow-App zum Geldverdienen keine praktische Option ist, könnte sie Ihnen etwas zusätzliches Geld in die Tasche bringen, vor allem, wenn Sie sofort mit der Investition beginnen. Passive Einkommens-Apps sind Programme, die Sie auf Ihr Mobilgerät herunterladen können und mit denen Sie zusätzliches Geld verdienen können. Sie nutzen verschiedene Techniken, die sich Algorithmen und Investitionen zunutze machen, um Ihnen ein passives Einkommen zu ermöglichen. Die meisten dieser Apps erlauben es den Nutzern, ihre Konten zunächst einzurichten und sie dann zu belassen, während sie ein passives Einkommen erzielen. Einige Apps verlangen einen Teil des verdienten Geldes, um den Betrieb aufrechtzuerhalten, und einige bieten "Premium"-Mitgliedschaften an, die die Möglichkeit eines höheren passiven Einkommensstroms bieten. Es gibt zahlreiche Apps zum Herunterladen, so dass es kein Problem ist, mehrere herunterzuladen, mit denen Sie kostenlos Geld verdienen können. Obwohl sich diese Apps auf unterschiedliche Weise unterscheiden, haben sie alle das gleiche Ziel: Ihnen einen zusätzlichen Geldbetrag zu verschaffen. In diesem Jahr wollen wir uns einige der nützlichsten mobilen Apps für passives Einkommen ansehen. Geld zu verdienen, während man schläft oder sehr wenig tut, ist eine Realität, von der viele träumen. Passives

Einkommen ist nicht nur eine Möglichkeit, Ihr Einkommen von 9 bis 17 Uhr zu steigern. Es kann Ihnen jedoch helfen, weniger Stress mit Ihren Finanzen zu haben, da Ihr verfügbares Gesamteinkommen steigt. Die effektivsten Ideen und Apps für passives Einkommen sind von entscheidender Bedeutung. Sie können sie mit Ihrem Smartphone nutzen und erfordern nur minimalen Aufwand. Die unten aufgelisteten Apps zum passiven Einkommen sind kostenlos oder kostengünstig und sind sicherlich die Zeit wert. Wenn Sie nach anderen Möglichkeiten suchen, Geld zu verdienen, werfen Sie einen Blick auf diese umfangreiche Liste mit Tipps und Strategien zum Geldverdienen.

Apps für iOS- und Android-Telefone.

Diese Apps, mit denen Sie ein passives Einkommen erzielen, bezahlen Sie dafür, dass Sie etwas kaufen oder investieren, im Internet surfen, Ihre Meinung abgeben oder Ihr Handy zum Spielen, Ansehen von Videos, Bezahlen von Rechnungen, Vermieten Ihrer Besitztümer und vieles mehr verwenden. Beginnen Sie mit einigen wenigen und arbeiten Sie sich dann nach unten durch, bis Sie auf die Apps stoßen, die Ihren Bedürfnissen entsprechen.

Cashback-Apps.

Mit diesen Apps können Sie das tun, was Sie bereits tun, d. h. online oder im Ladengeschäft einkaufen.

1. Rakuten (früher bekannt als Ebates)

Rakuten ist die prominenteste und bekannteste App und Prämienseite, mit der Sie beim Einkaufen im Internet und in Geschäften Cashback erhalten. Wenn Sie also nach einer App suchen, mit der Sie in Echtzeit Bargeld erhalten können, ist sie eine der besten. Die App bietet mehr als 2.500 teilnehmende Geschäfte, die Cashback anbieten, wenn Sie in ihren Geschäften über Rakuten einkaufen. Rakuten-Plattform. Sie müssen keinen Originalbeleg vorlegen, um Ihre Prämie zu erhalten. Das Cashback wird automatisch erfasst und Ihrem Konto gutgeschrieben, so dass Sie ohne großen Aufwand etwas Geld verdienen können (bis zu 40 Prozent). Sie können sich das Geld schnell mit PayPal oder einem Scheck auszahlen lassen. Wenn Sie sich hier bei Rakuten anmelden, können Sie einen Bonus von bis zu 30 $ erhalten, wenn Sie die erste Transaktion von mindestens 30 $ durchführen.

2. Ablegen.

Drop ist eine kostenlose App, die Kunden für Einkäufe bei ihren Lieblingshändlern belohnt. Nachdem Sie die Anwendung heruntergeladen und Ihre Debit- oder Kreditkarte verbunden haben, erhalten Sie jedes Mal Punkte, wenn Sie in einem der teilnehmenden Geschäfte einkaufen. Kaufen Sie eine große Auswahl an

Geschenkkarten wie Amazon, Target und UberEats. Außerdem erhalten Sie 5 Dollar für jeden geworbenen Freund... bis zu 50 Dollar.

3. Sweatcoin.

Es ist faszinierend herauszufinden, dass man für Bewegung Geld verdienen kann. Mit Sweatcoin werden Sie für das Laufen drinnen und draußen belohnt. Die App belohnt Sie, und Sie können Punkte eintauschen, um verschiedene Artikel und Gadgets wie Sportbekleidung, iPhones, Uhren, Schuhe und PayPal-Bargeld zu kaufen. Die Sweatcoin-Anwendung hat Tausende von positiven Bewertungen im App Store und im Google Play Store.

4. Ibotta.

Möchten Sie beim Einkaufen von Lebensmitteln Geld verdienen? Die Ibotta-App kann Ihnen dabei helfen. Ibotta gibt Ihnen Bargeld für Einkäufe im Laden oder online bei mehr als 1.000 Einzelhandelsgeschäften. Bis heute hat Ibotta seinen Nutzern mehr als 680 Millionen Dollar an Bargeld ausgezahlt. Um mit Ibotta Geld zu verdienen und Ibotta-Punkte zu sammeln, melden Sie sich hier an und beginnen Sie Ihren Einkauf mit der App, bevor Sie das Geschäft besuchen. Es ist möglich, die Ibotta-App herunterzuladen, die im Google Play Store, im App Store und im Google Play Store verfügbar ist.

Marktforschungs-Apps.

Die besten Apps für die Marktforschung bezahlen Sie dafür, dass Sie Ihre Gedanken und Meinungen mitteilen und andere wichtige Aufgaben erfüllen. Da sie einen gewissen Aufwand erfordern, könnte man sie eher als passive Methoden zum Geldverdienen bezeichnen.

5. InboxDollars.

Ähnlich wie Swagbucks ist auch InboxDollars ähnlich wie Swagbucks. Die InboxDollars-App bietet eine Vielzahl von Möglichkeiten, Geld zu verdienen, darunter Online-Spiele, Online-Shopping, das Beantworten von Umfragen und sogar das Lesen von E-Mails. Sobald du dich angemeldet hast, erhältst du Benachrichtigungen, wenn du an verschiedenen Online-Aufgaben teilnimmst und Geld verdienst. Die Website hat ihren Mitgliedern über 60 Millionen Dollar zur Verfügung gestellt, und Sie können sich über PayPal Geld auszahlen lassen, sobald Ihr Konto 30 oder mehr erreicht hat. Neue Mitglieder haben außerdem Anspruch auf zusätzliche $5.

6. Umfrage-Junkie.

Survey Junkie hat mehr als 10 Millionen Nutzer und bietet bezahlte Umfragen für alle, die Geld verdienen möchten. Einzelhändler und Marken nutzen Marktforschungspanels wie Survey Junkie, um mit ihren Kunden in Kontakt zu treten, ihre Meinung zu erfahren und sie sogar für das Teilen ihrer Ansichten zu bezahlen. Sie können sich Ihren Verdienst schnell per PayPal-Direktüberweisung und Geschenkkarte (Amazon, Target, iTunes und mehr) auszahlen lassen).

7. Swagbucks.

Swagbucks ist die bekannteste Pay-to-Play-Website, auf die du stoßen wirst. Sie ist von der BBB anerkannt und hat eine A+-Bewertung. Als Mitglied werden Sie für das Ausfüllen von Fragen, das Anschauen von Videos, das Surfen im Internet, das Spielen von Spielen und das Einkaufen im Internet bezahlt. Sie haben ihren Mitgliedern über 675 Millionen Dollar ausgezahlt und täglich mehr als 7000 Geschenkkarten verteilt. Du kannst dir deine Swagbucks-Einkünfte mit PayPal auszahlen lassen oder deine Punkte im Austausch gegen Tausende der beliebtesten Geschenkkarten verwenden.

Apps zur Datenerfassung.

Sie sind so einfach, wie sie nur sein können. Laden Sie sie einfach auf Ihr Tablet, Telefon oder Laptop herunter, und schon werden Sie bezahlt. Es ist möglich, mit diesen Apps auf verschiedenen Geräten jedes Jahr mehrere hundert Dollar zu verdienen.

8. Nielsen Computer- und Mobilpanel.

Das weltbekannte Marktforschungsunternehmen Nielsen betreibt die Anwendung Nielsen Mobile und PC-Panel. Wenn Sie sich anmelden und die App auf Ihr Gerät oder Telefon herunterladen, verfolgt sie Ihre Internetnutzung und belohnt Sie entsprechend. Nutzer können bis zu 50 Dollar pro Jahr verdienen, und wenn Sie die Software auf drei Geräten (Tablet, Telefon und Computer) nutzen, sind es sogar 150 Dollar. Außerdem nehmen Sie automatisch an Gewinnspielen teil, bei denen Sie jeden Monat bis zu 1.000 $ gewinnen können. Es ist wichtig zu wissen, dass Nielsen Computer and Mobile nur in den Vereinigten Staaten verfügbar ist.

9. MobileXpression.

Mobliexpression ist eine Anwendung, die Browsing-Informationen sammelt, um Marktforschung zu betreiben. Die Anmeldung ist für Sie kostenlos. Außerdem erhalten Sie nach einer Woche der Nutzung der Anwendung eine kostenlose 5$-Amazon-Geschenkkarte. Wenn Sie sich entscheiden, die Anwendung nach den ersten 7 Tagen weiter zu nutzen, erhalten Sie weitere Gutschriften, die Sie gegen andere Geschenkkarten eintauschen können. Sie können die MobileXpression-Anwendung auch auf Ihr Tablet herunterladen.

10. SavvyConnect.

SavvyConnect ist eine andere Anwendung zur Datenerfassung, die die Ausleihgewohnheiten von Verbrauchern untersucht, um Trends in der Online-Unterhaltung, beim Einkaufen im Internet und vielem mehr zu erkennen. Die Anwendung ist kostenlos und sowohl für iPhones als auch für Android-Telefone verfügbar. Verdienen Sie 5 Dollar für jeden Monat, in dem die Anwendung läuft, oder 60 Dollar pro Jahr. Bieten Sie außerdem eine Belohnung für die Weiterempfehlung an

Freunde an. Sie können Ihren Verdienst ab $1 schnell einlösen.

Investieren Apps.

Ihr Geld in ein Anlageportfolio zu investieren, das hohe Renditen abwirft, ist eine bewährte Methode, um im Laufe der Zeit Geld anzuhäufen. Diese Apps für Mikroinvestitionen sind perfekt, um das Geld beiseite zu legen und es dann schnell zu vermehren.

11. Eicheln.

Acorns ist eine kleine Investment-App, die Ihr überschüssiges Geld in günstige börsengehandelte Fonds (ETFs) investiert. Die App erstellt Ihr Portfolio entsprechend Ihren Anlagezielen und Ihrer Risikotoleranz, und alles ist automatisiert. Für den Start ist kein Mindestguthaben erforderlich. Acorns ermöglicht es Ihnen auch, Ihr Geld zu investieren; Acorns bietet auch ein Sparkonto sowie die Möglichkeit, bei mehr als 350 Marken Geld zurückzuverdienen. Acorns hat mehr als 4 Millionen Mitglieder.

12. Ziffer.

Die Digit-Anwendung automatisiert die Art und Weise, wie Sie Geld sparen können. Wenn Sie sich bei Digit anmelden und dann Ihr Bankkonto anschließen, verschiebt Digit Geld, das Sie nicht benötigen, von Ihrem Girokonto auf ein Sparkonto, das Zinsen bringt. So können Sie Geld für ein finanzielles Ziel sparen, z. B. die Anzahlung für ein Haus oder einen Notfallfonds, oder auch um Schulden zu tilgen. Ihr Geld ist bei der FDIC bis zu einer Höhe von 250.000 $ versichert. Die 256-Bit-Verschlüsselung sichert Ihr Konto.

13. Versteck investieren.

Stash Invest ist ein weiteres Fintech-Unternehmen, das es Anlegern ermöglicht, auch kleine Beträge zu investieren. Das Unternehmen hat über 4 Millionen Kunden und verwaltet ein Vermögen von mehr als 1,8 Milliarden Dollar. Neben den Anlagemöglichkeiten bietet Stash auch ein Debitbankkonto an.

Smartphone-Apps, die bezahlen.

Diese Apps belohnen Sie fürs Gehen oder vermieten Ihr Eigentum oder belohnen Sie fürs Gehen.

14. Trim Financial Manager.

Dieses kostenlose Tool untersucht Ihre Ausgaben und macht automatisch Vorschläge, wie Sie Geld sparen können. Es verhandelt Ihre Rechnungen für Versorgungsunternehmen, um die niedrigsten Tarife zu erhalten, hilft Ihnen, Bankgebühren zu vermeiden, und kündigt alle Abonnements, die Sie nicht benötigen. Darüber hinaus bietet Trim ein hochverzinsliches Sparkonto, auf dem Sie bis zu 4 Prozent verdienen können.

15. TopCashback.

Einige bezeichnen die Seite als "die großzügigste Cashback-Rabatt-Seite der USA". TopCashback ist ein unverzichtbarer Download, um ohne großen Aufwand passives Geld zu verdienen. TopCashback TopCashback ist mit mehr als 4400 Einzelhändlern verbunden, was bedeutet, dass Sie beim Einkaufen in diesen Geschäften Geld verdienen werden. Ich finde es gut, dass das Prämiensystem automatisiert ist und dass Sie Ihre Kaufbelege nicht hochladen müssen. Es ist einfach, sich mit PayPal Direct Geld auszahlen zu lassen oder die Geschenkkarte einzulösen.

16. Turo.

Wenn Du ein Fahrzeug besitzt, das am Ende Deiner Einfahrt oder in Deiner Garage geparkt ist, und Geld verdienen möchtest, kannst Du mit der Turo-Anwendung etwas Geld verdienen. Melde Dich an, um ein kostenloses Konto zu erstellen und Dein Fahrzeug hinzuzufügen. Wähle den Preis und den Zeitplan, und wenn jemand Dein Auto mietet, kannst Du mindestens 90 % der Mietgebühr verdienen. Turo ist über seine Niederlassungen in den USA und Kanada tätig. Turo bietet eine umfassende Haftpflichtversicherung, Schutz vor Schäden und einen 24-Stunden-Pannenhilfe-Service. Mit dieser Anwendung kannst Du leicht 500 Dollar im Monat verdienen.

17. Airbnb.

Mit dieser letzten passiven Einkommens-App können Sie leere Zimmer in Ihrem Haus vermieten. Auf Airbnb können Sie ganz einfach Zimmer zur Vermietung auflisten, und Airbnb erledigt den Rest für Sie. Die Zahlungen werden über PayPal abgewickelt, und Sie entscheiden, ob Sie Gäste beherbergen möchten oder nicht.

Mit diesen Apps, die ein passives Einkommen generieren, können Sie mit Ihrem Smartphone in Ihrer Freizeit ein zusätzliches Einkommen erzielen. Kombinieren Sie diese Anwendungen mit anderen Nebentätigkeiten und lassen Sie sich überraschen, wie einfach es ist, Ihre finanzielle Situation zu verbessern.

Kapitel no.7

Wie wird passives Einkommen besteuert?

Die Einrichtung einer Methode zur Erzielung passiver Einkünfte könnte eine Methode sein, um jeden Tag in der Woche und sogar im Schlaf bezahlt zu werden. Wie der Name schon sagt, stammt das passive Einkommen aus passiven Tätigkeiten, die nach der Definition des Finanzamtes als Geschäfts- oder Handelsaktivitäten definiert sind, an denen Sie nicht aktiv teilnehmen. Das bedeutet, dass Sie Geld verdienen, ohne sich aktiv um das Tagesgeschäft zu kümmern. Wie bei anderen Einkommensarten gibt es auch hier steuerliche Aspekte zu berücksichtigen. Lesen Sie weiter, um mehr darüber zu erfahren, wie passives Einkommen funktioniert. Wir gehen auch auf die steuerlichen Auswirkungen ein und zeigen Ihnen Möglichkeiten auf, wie Sie ohne viel Geld oder Zeit Ihre passiven Einkommensströme aufbauen können.

Wie funktioniert passives Einkommen?

Passives Einkommen ist eine Methode, um auf Autopilot Geld zu verdienen. Die meisten Möglichkeiten erfordern einen Vorlauf von Zeit, Geld oder beidem. In der IRS-Publikation Nr. 925 wird zwischen zwei Arten von passiver Arbeit unterschieden: Gewerbliche oder geschäftliche Tätigkeiten sind Tätigkeiten, an denen Sie nicht aktiv teilnehmen.

Aktivitäten im Zusammenhang mit der Vermietung (auch wenn Sie nicht wesentlich daran beteiligt sind) - mit Ausnahme der Aktivitäten, die notwendig sind, um Ihre Verpflichtungen als Immobilienprofi zu erfüllen. Die gebräuchlichsten passiven Ertragsmethoden sind Investitionen in Dividendenaktien, börsengehandelte Fonds mit Renditeindex, Rentenindexfonds, die vermietet werden, oder hochverzinsliche Sparkonten. Sie können auch in eine Peer-to-Peer-Kreditplattform investieren (und sich die Zinsen selbst auszahlen lassen) oder in einen Immobilieninvestmentfonds, oder Sie können sogar ein unbeteiligter Partner in einem Unternehmen werden (ohne "materiell" beteiligt zu sein). Einige passive Einkommensoptionen können überraschend kostengünstig sein und sind für die meisten Menschen mit einem Einkommen zugänglich. Diese Strategien können Ihnen dabei helfen, Ersparnisse für den Ruhestand anzusammeln; ihre Gewinne werden sich jedoch kurzfristig wahrscheinlich nicht von Ihrem Einkommen unterscheiden. Die Realität ist, dass die Erzielung des passiven Einkommens, das Sie benötigen, um Ihren Job aufzugeben und Ihren Lebensunterhalt zu verdienen, eine erhebliche Investition darstellt, die für die meisten Menschen nicht zugänglich ist.

Ist passives Einkommen steuerpflichtig?
Das Einkommen aus einer Vollzeitbeschäftigung, die Einkommen aus dem passiven Sektor erwirtschaftet, ist steuerlich absetzbar. Nehmen wir an, Sie beschließen, Ihre Beteiligung an einer passiven einkommensschaffenden Tätigkeit zu verkaufen oder ein Haus zu veräußern, das ein passives Einkommen erwirtschaftet. In diesem Fall sind Sie ebenfalls für die Besteuerung der Einkünfte verantwortlich. Der Betrag, den Sie dem Finanzamt schulden, hängt jedoch von vielen Aspekten ab, z. B. von der Art der Einkommensquelle, die Sie passiv erwirtschaften, und von der in das Geschäft investierten Zeit. Einkünfte aus Vermietung und Verpachtung werden anders besteuert als Einkünfte aus Gewerbebetrieb oder Handel. Es gibt verschiedene Quellen passiver Einkünfte, und Sie sollten einen Steuerfachmann aufsuchen, um mehr über die steuerlichen Auswirkungen Ihrer besonderen Situation zu erfahren. Es ist auch eine gute Idee, mit einem Steuerberater zu sprechen, bevor Sie sich mit passiven Einkommensquellen befassen, um sicherzustellen, dass Sie die steuerlichen Auswirkungen genau kennen, damit Sie bereit sind, wenn die Steuerzeit kommt. Dort erhalten Sie auch Informationen zur Buchführung und zu den Unterlagen, die Sie bei der Steuererklärung vorlegen müssen.

Wenn Sie schnell ein passives Einkommen erzielen möchten, ohne viel Geld oder Zeit zu investieren, sollten Sie diese Möglichkeiten in Betracht ziehen: Legen Sie Ihr Anlagekonto an. Es kann in Anleihen, Aktien oder beides investiert werden, um passives Einkommen zu erzielen. Bevor Sie sich dazu entschließen, dies als passiven Einkommensstrom zu betrachten, sollten Sie einen Plan für Notfälle, Ersparnisse, Rentenfonds und kostengünstige Schulden haben. Wenn Sie bereit sind, Ihre Investitionsreise zu beginnen, nutzen Sie einen Investitionsroboter-Berater, ein Online-Brokerage oder wenden Sie sich an einen Finanzberater, um Ihr Investitionskonto einzurichten. Seien Sie sich bewusst, dass die Anlagemöglichkeiten keine Garantie für die erzielten Renditen bieten, daher sollten Sie nur den Betrag investieren, den Sie sich leisten können. Eine schlecht getimte oder unüberlegte Investition kann die Anfangsinvestition schnell zunichte machen. Verkaufen Sie Dinge, die Sie nicht brauchen, online. Denken Sie darüber nach, Dinge, die Sie nicht mögen oder brauchen, auf

Online-Marktplätzen zum Verkauf anzubieten. Einige verlangen eine minimale Gebühr für das Einstellen, bei anderen können Sie kostenlos einstellen. Sie brauchen Ihre Sachen nicht zu bewerben, denn die Käufer werden sich danach umsehen. Vermieten Sie einen Parkplatz oder sogar ein Ersatzfahrzeug. Gibt es in Ihrem Wohngebiet eine hohe Nachfrage nach Parkplätzen? Denken Sie darüber nach, ein Parkhaus oder sogar Ihre Einfahrt zu vermieten. Die Idee, Ihr Auto zu vermieten, wenn es nicht gebraucht wird, indem Sie eine mobile App wie Turo und Getaround nutzen, kann Ihnen mehrere hundert Pfund pro Monat einbringen. Sie können das Mieten einfacher machen, indem sie Sie mit potenziellen Mietern in Verbindung bringen. Bevor Sie diese Möglichkeit nutzen, sollten Sie sich mit Ihrer Versicherung beraten, um sicherzustellen, dass Sie keine Nachteile erleiden oder gar Ihren Versicherungsschutz verlieren.

Laden Sie Gutscheine oder Cashback-Anwendungen herunter. Websites wie Coupons.com und RetailMeNot helfen Ihnen bei der Suche nach Gutscheinen, mit denen Sie bei Haushalts- und Lebensmittelartikeln sowie bei Lebensmitteln Geld sparen können. Mit der Kreditkarte, die Sie verwenden, können Sie Cashback verdienen. Mit Cashback-Kreditkarten können Sie Geld verdienen, wenn Sie alltägliche Einkäufe mit Cashback-Krediten tätigen. Wenn Sie keine Cashback-Kreditkarte haben, versuchen Sie Experian CreditMatch(TM), um Möglichkeiten zu finden, für die Sie in Frage kommen könnten. Es ist auch möglich, eine Reisekreditkarte zu erwerben, die Punkte vergibt, die Sie für Flüge und Hotelaufenthalte einlösen können. Vermieten Sie ein freies Schlafzimmer in Ihrer Wohnung. Haben Sie zu Hause einen Raum, den Sie nicht häufig nutzen? Erstellen Sie ein

Profil auf Airbnb oder einer ähnlichen Website, um es zu vermieten und die Bezahlung zu vereinfachen. Sie könnten auch einen Reinigungsdienst beauftragen, der den Raum zwischen den Vermietungsperioden aufräumt, aber das könnte Ihren Gewinn schmälern. Treten Sie in die Riege der Affiliate-Vermarkter ein. Wenn Sie eine Online-Plattform mit einem großen Publikum besitzen, sollten Sie Werbemöglichkeiten für Affiliate-Vermarkter in Betracht ziehen. Sie müssen etwa eine Stunde damit verbringen, herauszufinden, wie Sie Ihren Artikel oder die Dienstleistung vermarkten können, aber Sie müssen keine Investitionen tätigen, um Geld zu verdienen. Beachten Sie, dass die US-Gesetzgebung vorschreibt, dass Sie den Lesern deutlich machen müssen, dass Sie Geld verdienen, wenn Sie etwas über Partnerlinks kaufen.

Starten Sie Ihr passives Einkommen.

Sie können ein passives Einkommen erzielen, um die Einkünfte aus Ihrem Job zu ergänzen oder zu ersetzen. Wenn Sie noch unsicher sind, wie Sie anfangen sollen, sollten Sie einige kostengünstige Strategien in Betracht ziehen, die sich leicht einrichten lassen, um Ihre Reise zu beginnen. Sobald Sie etwas Erfahrung gesammelt haben, können Sie mehrere Einkommensquellen schaffen, um Ihr Einkommenspotenzial zu maximieren und Ihre finanzielle Stabilität zu erhöhen.

Schlussfolgerung:

Passives Einkommen stammt in der Regel aus einem einkommenserzeugenden Vermögenswert, an dem der Anleger nicht beteiligt ist. Meistens wurde die Anlage mit Mitteln aus aktiven Einkommensquellen wie Gehältern, Löhnen oder anderen Vergütungen erworben. Außerdem müssen sie nicht stundenlang arbeiten, um ein passives Einkommen zu erzielen; die Anleger müssen keine Sozialversicherungs- oder Medicare-Steuern auf ihr passives Einkommen zahlen. Sie können ihre Steuerlast senken, indem sie verschiedene Steuerabzüge in Anspruch nehmen. Schauen wir uns die verschiedenen Beispiele für passives Einkommen an. Die Zinserträge werden auf verschiedene Weise erzielt, z. B. durch die Anlage von Ersparnissen auf einem Konto oder einem Einlagenzertifikat oder durch den Besitz von Schuldverschreibungen. Das Problem ist, dass der Zinssatz, den die meisten Anlagen zahlen, niedriger ist als die Inflationsrate. Das bedeutet, dass Anleger Kapital verlieren können, wenn sie in eine Anlage investieren, die passive Zinsen abwirft

Dividenden aus Aktien, die auf dem öffentlichen Markt gehandelt werden, können ebenfalls eine Quelle für passives Einkommen sein. Die bekanntesten Blue-Chip-Unternehmen, die Dividenden ausschütten, sind Apple, Nike und Mastercard. Wie bei den Dividenden können auch bei den Zinserträgen die von den Unternehmen ausgeschütteten Dividenden in der Regel deutlich niedriger sein. In diesem Fall handelt es sich bei den von Unternehmen gezahlten Dividenden oft um gewöhnliche Dividenden. Die Einkünfte aus Kommanditgesellschaften, die man als unbeteiligter Partner in einer Partnerschaft erzielt, und Immobilieninvestitionen könnten eine bessere Methode zur Erzielung passiver Einkünfte sein, mit höheren potenziellen Renditen aus wiederkehrenden Einkünften und einem gewissen Prozentsatz an den Erträgen, falls und wenn das Unternehmen verkauft wird. Natürlich sind die höheren Erträge in der Regel mit einem höheren Risiko verbunden. Anleger, die ihr Geld als passive, stille Teilhaber in eine LLC einbringen, könnten Gefahr laufen, den gesamten investierten Betrag zu verlieren. Die Mieteinnahmen, die durch Immobilien generiert werden, können oft attraktive, risikobereinigte Renditen bieten, da sie ein stetiges, passives Nettoeinkommen und die potenziellen Gewinne aus der Wertsteigerung der Immobilie bieten, wenn die Immobilie verkauft werden soll. Nach Angaben der Federal Reserve sind die durchschnittlichen Kosten für verkaufte Häuser in den USA seit der letzten Rezession von 2007 bis 2009 um mehr als 67 % gestiegen. Auch die Mieten für Einfamilienhäuser steigen.

Laut dem aktuellen Rental Research Report on Investment Trends von Arbor Realty Trust stieg die Wachstumsrate der Mieten für leerstehende Einfamilienhäuser im Januar, dem letzten verfügbaren Monat, um 8,3 Prozent. Der Immobilienmarkt durchläuft jedoch in der Regel Aufwärts- und Abwärtszyklen. So gingen beispielsweise die Preise für Eigenheime in den Jahren 2007-2009 zurück, nachdem der Markt vor Beginn der Rezession seinen Höhepunkt erreicht hatte. Zu dieser Zeit verloren viele Hausbesitzer ihre Häuser aufgrund von Zwangsvollstreckungen durch Kreditgeber und Immobilieninvestoren, die Leerverkäufe und REO-Immobilien von Banken kauften. Passives Einkommen ist für alle Immobilieninvestoren lukrativer als aktives Einkommen. Es gibt viele steuerliche Vorteile, wenn Sie passives Einkommen durch Investitionen in Immobilien erzielen. Viele Anleger arbeiten in einem Vollzeitjob, um ein aktives Einkommen zu erzielen, und sparen dann, um in Mietobjekte zu investieren und so ein passives Einkommen zu erzielen. Das passive Einkommen kann Anlegern die Chance bieten, von günstigen Steuervorteilen und einer geringeren Steuerlast zu profitieren.

Serie: Reichtum 2022

1. Online-Unternehmertum.
2. Ihr eigenes Unternehmen gründen
3. Vermögensverwaltung
4. Passives Einkommen.

www.ingramcontent.com/pod-product-compliance
Lightning Source LLC
Chambersburg PA
CBHW071130240526
45465CB00024B/1554